MERIAN *live!*

Karibikkreuzfahrt

Birgit Müller-Wöbcke lebt im Rheingau. Die Reisejournalistin ist seit 20 Jahren in der Karibik unterwegs und vielfach ausgezeichnet. Am liebsten reist sie mit Mann und Tochter.

- 👫 Familientipps
- 🌱 »grüne« Empfehlungen
- ◎ Ausflüge

Preise für ein dreigängiges Menü ohne Getränke:
€€€€ ab 45 €   €€ ab 20 €
€€€ ab 30 €   € bis 15 €

Inhalt

Willkommen in der Karibik — 4

10 MERIAN-**TopTen**
Höhepunkte, die Sie sich nicht entgehen lassen sollten 6

10 MERIAN-**Tipps**
Tipps, die Ihnen die unbekannten Seiten der Region zeigen 8

Zu Gast in der Karibik — 10

Praktische Infos zur Kreuzfahrt in der Karibik 12
Essen und Trinken 18
Einkaufen 20
Feste und Events 22
Im Fokus – Karneval in der Karibik 26

◀ Bunt und fröhlich: St. George's (▶ S. 90) auf Grenada aus der Vogelperspektive.

Unterwegs in der Karibik · 28

Bahamas und Turks & Caicos 30
Große Antillen 40
Kleine Antillen 70

Wissenswertes über die Karibik · 122

Sprachführer 124
Kulinarisches Lexikon 126
Reisepraktisches von A–Z 128
Kartenlegende 133

Kartenatlas 134
Kartenregister 152
Orts- und Sachregister 157
Impressum 160

✳ Karten und Pläne

Große Antillen .... Klappe vorne
Kleine Antillen .... Klappe hinten
Nassau 33
Freeport/Lucaya 37
Santo Domingo 43
Havanna 59
Viejo San Juan 67
Oranjestad 77

Bridgetown 81
Willemstad 87
St. George's 93
Fort-de-France 99
Kartenatlas 133–151
Die Koordinaten im Text verweisen auf die Karten, z. B. ▶ S. 137, C 5.

Extra-Karte zum Herausnehmen .... Klappe hinten

Willkommen in der Karibik. Palmen, weißer Sand, die Musik der Steelbands und der Geschmack eines Daiquiri – die Karibik ist auch ein Lebensgefühl.

Wir hatten uns in der Uhrzeit getäuscht, und es war äußerst knapp, wenn wir die Abfahrt unseres Schiffes nicht verpassen wollten. Schweißgebadet stiegen wir in ein klappriges altes Taxi und nannten atemlos das Ziel unserer Reise, das auf der anderen Seite der Insel lag. Der Fahrer reichte uns zwei Pappbecher und goss Punsch ein. Mit einem beruhigenden Lächeln stellte er die Air Condition ein: »To keep you cool« brachte er es auf den Punkt und uns zum Relaxen. Natürlich waren wir rechtzeitig im Hafen.

Es ist diese immer wieder festzustellende Gelassenheit der Menschen in der Karibik, ihre durch und durch positive Lebenseinstellung, deftiger Humor und eine inspirierende Warmherzigkeit, die viele immer wieder in diese Region zieht.

Buntes karibisches Leben

Vielleicht sind es die äußerlich uns so angenehm erscheinenden Lebensumstände, die der vielfach verbreiteten materiellen Armut ihre Bedeutung nehmen. Inseln mit Kokospalmen, auf denen die Holzhäuser in Bonbonfarben angestrichen sind, weiße, bisweilen auch grau-schwarz leuchtende Sandstrände, steil aufragende Vulkankegel, Gärten, in denen Mangos und Bananen wachsen, Inselhauptstädte, durch deren

◀ Der Sonnenuntergang in der Karibik ist ein faszinierendes Naturschauspiel.

Straßen mitunter Schweine laufen. Vor dem türkis leuchtenden Meer sieht man auch immer wieder Häuser in strahlenden Farben: zitronengelb, mit Lamellenläden in Bonbonrosa und dem Grün reifer Mangos – typisch karibisch sind die heiteren, ausgefallenen Farbkombinationen, in denen man auf den West Indies seine Häuser streicht. Zu einem Bilderbuch-Haus in der Karibik gehören seit dem 19. Jh. auch die viktorianisch anmutenden Holzspitzen an Giebeln und Dachrändern. Umlaufende Veranden und Galerien lassen Passatwinde zirkulieren und spenden Schatten.

Karibik, das heißt nicht nur Sonne und Meer, mitreißende Lebensfreude und heitere Gelassenheit, eine bisher kaum gekannte Leichtigkeit des Seins, sondern auch Begegnungen mit den Einheimischen. Zwar dringt man nicht ins tatsächliche Leben der Menschen ein, doch auch kurze Begegnungen können für beide Seiten spannend und lohnend sein. Zwischen der Lebensphilosophie eines Bankangestellten auf den Bahamas, eines Rasta auf Jamaika und eines Sozialisten auf Kuba mögen Welten liegen – was die Menschen in der Karibik eint, sind Spontaneität und Lebensfreude, die über den üblichen Widrigkeiten des Alltags liegen, eine Lebenskunst, die auch schwierigen Umständen etwas abgewinnen kann, und die Gewissheit, dass man nichts zu ernst nehmen darf. Der überwiegende Teil der Bevölkerung stammt von afrikanischen Sklaven ab, ein düsteres Kapitel der Geschichte. Nach ihrer Entdeckung durch Kolumbus im 15. Jh. und der Inbesitznahme durch europäische Siedler entwickelte sich auf vielen der bewohnten Inseln mit dem Anbau von Zuckerrohr eine Plantagenwirtschaft, die durch eingeführte Sklaven zu florieren begann. »Oh island in the sun, built to me by my father's hand, all my days I will sing in praise of your forest waters, your shining sand«, heißt es in der musikalischen Liebeserklärung bei Harry Belafonte, der es wie kaum ein anderer Sänger vermochte, die Karibik als ein Sehnsuchtsziel, ein »Shangri-La« für Lebenskünstler zu etablieren. Der Tourismus in der Karibik beginnt Ende der 1970er-Jahre. Heute ist die Wirtschaft der meisten Inseln stark mit dem internationalen Fremdenverkehr verflochten.

Zauber des Lichts

So viele Inseln, so viele Eindrücke. Und auch das ist typisch für die Karibik: Wie in Äquatornähe üblich, geht die Sonne das ganze Jahr über zwischen 18 und 19 Uhr unter. Die Dämmerung, die vielleicht schönste Zeit des Tages, dauert nur wenige Minuten, zauberhafte Momente, in denen die Lichtverhältnisse das Grün der Palmen zum Leuchten bringen. Kurz nachdem die Sonne als glutroter Ball untergegangen ist und den Himmel verfärbt hat, wird es schlagartig dunkel. Und dann erscheinen auch schon die unzähligen Sterne, die den Himmel in ein einziges Lichtermeer verwandeln. Und auch jetzt weiß man, dass Kolumbus' Ausruf »Diese Insel ist das Schönste, was Menschenaugen je erblickt haben« erneut zutrifft, egal, wo auch immer im Revier der Westindischen Inseln Sie sich gerade befinden mögen.

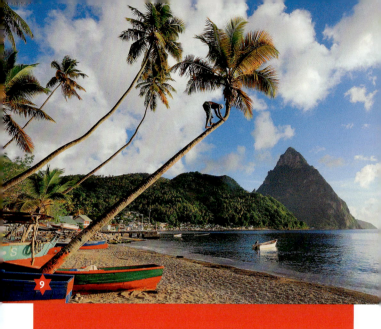

MERIAN-TopTen
MERIAN zeigt Ihnen die Höhepunkte der Region: Das sollten Sie sich bei Ihrer Kreuzfahrt in der Karibik nicht entgehen lassen.

1 Zona Colonial von Santo Domingo, Dom. Republik
In der Altstadt am Fluss Ozama erbaute schon die Familie von Kolumbus ein Haus (▶ S. 41, 42, 46).

2 Dunn's River Falls, Jamaika
Die Kaskaden bei Ocho Ríos ergießen sich über viele Stufen ins Meer (▶ S. 48, 52, 55).

3 Altstadt von Havanna, Kuba
La Habana Vieja ist eine 5 qkm große Schatzkammer von Kirchen, Klöstern, Festungen und Palästen (▶ S. 41, 57, 58).

4 El Morro, Puerto Rico
Die beeindruckende Festung wacht seit dem 16. Jh. über der Bucht von San Juan (▶ S. 66, 68).

5 English Harbour, Antigua
Wo heute der Jetset ankert, lag im 18. Jh. bereits die Karibik-Flotte von Lord Nelson (▶ S. 74).

6 Curaçao Sea Aquarium
Korallen, Rochen, Haie ... in diesem Aquarium am Meer taucht man in die farbenprächtige Unterwasserwelt der Karibik ein (▶ S. 85).

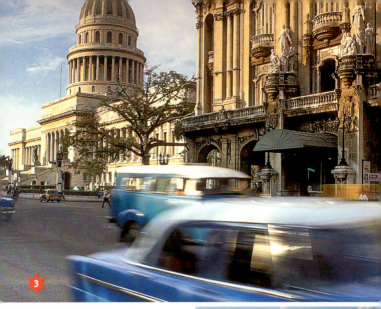

 Bibliothèque Schoelcher, Martinique
Der neo-koloniale Palast wurde 1893 von Paris auf dem Seeweg nach Fort-de-France transportiert (▸ S. 99, 100).

 Brimstone Hill Fortress, St. Kitts
Auf einem Felsvorsprung über dem Meer wartet ein beeindruckendes Fort (▸ S. 114).

 Twin Pitons, St. Lucia
Das Wahrzeichen der Karibik: Die Spitzkegelvulkane der Pitons ragen aus dem Regenwald (▸ S. 115, 117).

 Coral World Ocean Park, St. Thomas
Ein gläserner Turm führt hinab ins Meer zu Korallen und Papageienfischen (▸ S. 120).

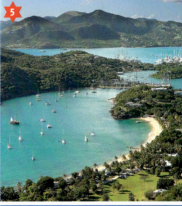

MERIAN-Tipps Mit MERIAN mehr erleben.

Nehmen Sie teil am Leben der Region und entdecken Sie die unbekannten Seiten der Karibik.

 Piraten der Karibik, Bahamas
In Nassau entführt ein interaktives Museum in vergangene Zeiten (▸ S. 34).

 Marley lives, Jamaika
Bob Marleys Birthplace & Mausoleum in Jamaika hält die Erinnerung an den Reggae-König wach (▸ S. 52).

 Besuch in einer Rum-Destille, Barbados
In der Rum Factory & Heritage Park in Barbados lässt sich sowohl zuschauen als auch Rum kosten (▸ S. 84).

 Likör aus Curaçao
Der weltberühmte Orangenlikör schmeckt nirgendwo besser als auf Curaçao (▸ S. 86).

 Unter dem Vulkan, Martinique
Auf Martinique erinnert das Vulkanmuseum an die Tragödie von St-Pierre (▸ S. 100).

 Montpelier Plantation, Nevis
Ein historisches Plantagenhaus in Nevis beherbergt heute ein edles Hotel (▸ S. 103).

7 Wandern im Regenwald, St. Kitts
Im Rain Forest von St. Kitts lässt sich die üppige tropische Natur hautnah erleben (▸ S. 113).

8 Drive-in Volcano, St. Lucia
Näher dran an einem aktiven Vulkan ist man sonst nirgendwo in der Karibik (▸ S. 117).

9 Golfen in der Karibik, St. Thomas
Auf den Klippen von St. Thomas genießen Golfer (und Nicht-Golfer) den schönsten Blick über die Karibik (▸ S. 118).

10 Natur in Trinidad
Das Asa Wright Nature Centre lädt für ein paar Stunden in den faszinierenden Bergwald ein (▸ S. 121).

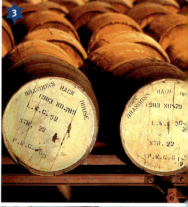

Der Traum jedes Karibikurlaubers: kilometerlange weiße Sandstrände, türkis schimmerndes Wasser und sanft im Wind sich neigende Palmen.

Zu Gast
in der Karibik

Die Westindischen Inseln verzaubern mit prächtigen Sonnenuntergängen und traumhaft schönen Stränden sowie der karibischen Küche und dem Karneval.

Praktische Infos zur Karibikkreuzfahrt.
Einige Informationen, die das Leben an Bord erleichtern und die Reise angenehm gestalten, von Kabinenwahl über Seenotrettungsübung bis Sport- und Wellnessangebot.

Praktische Infos zur Kreuzfahrt

▸ Ein Kreuzfahrtschiff beim Einlaufen in den Hafen von Willemstad (▸ S. 85) auf der Antilleninsel Curaçao.

Die Karibik gehört zu den schönsten Segelrevieren der Welt – kein Wunder, dass auch eine Kreuzfahrt einzigartige Erlebnisse bietet. Zwischen den im Norden liegenden Bahamas und der vor der Küste Venezuelas gelegenen Insel Bonaire warten viele Ankerplätze auf die Passagiere, können zahlreiche neue Inseln entdeckt werden. Eine eigene Welt ist auch das jeweilige Kreuzfahrtschiff, auf dem man fährt.

Aus Europa oder von Miami, Tampa und Fort Lauderdale (Florida) aus starten in rascher Folge die luxuriösen Passagierschiffe für mehrtägige bis mehrwöchige Cruises durch die Inselwelt der Antillen. Wer über genügend Zeit und Muße verfügt, bevorzugt die langsame Annäherung und besteigt bereits in Europa ein Kreuzfahrtschiff. Diese verkehren von diversen europäischen Häfen und benötigen für die Anreise (etwa von Genua über Madeira) mehrere Tage. Beliebter sind kombinierte Reisen, sogenannte Fly & Cruise-Arrangements, bei denen An- und Abreise nach Amerika per Flugzeug erfolgen. Ausgangs- bzw. Zielhafen dieser Kreuzfahrten sind auch andere Häfen der USA sowie San Juan (Puerto Rico).

Kosten, Kabinen, Komfort

Die Kosten für eine Kreuzfahrt schwanken beträchtlich und sind von folgenden Faktoren abhängig: der Saison, der gewählten Kabinenkategorie (Kabine oder Suite, innen oder außen) und dem gebotenen Komfort auf See. Ebenso wie bei Hotels lassen sich auch Kreuzfahrtschiffe in Sterne-Kategorien einstufen. Im Drei-Sterne-Segment ist man ab 200 € pro Person und Tag (inkl. Verpflegung) dabei, während es in der Luxusklasse in der Hauptsaison auch schon 800 € sein können. Frühbucher erhalten mitunter Vergünstigungen von mehreren Hundert Euro ebenso wie Last-Minute-Reisende.

Unterschiedlich ist die Anzahl der Passagiere auf Kreuzfahrtschiffen. Kriterium bei der Wahl eines Kreuzfahrtschiffes ist auch dessen Größe. Neuere Schiffe, die 14 Decks (Stockwerke) und mehr zählen, können weit über 3000 Passagiere an Bord nehmen. Dies bedeutet auf der einen Seite ein großes Angebot an Unterhaltungs- und Speisemöglichkeiten, kann auf der anderen Seite auch von Nachteil sein, etwa wenn Familien eine gewisse Unübersichtlichkeit bemängeln und der Nachwuchs sich eher schwer zurechtfindet.

Preislich am günstigsten ist auf Schiffen stets die Innenkabine, nämlich ohne Fenster. Diese verfügt aber in der Regel über einen Fernseher, der mithilfe einer Kamera »Meerblick« ermöglicht. Danach rangieren Außenkabinen mit Sichtbehinderung, etwa durch auf dem umlaufenden Gang befindliche Rettungsboote. Außenkabinen mit freier Sicht oder gar Balkon sind teurer. Ein Vielfaches kosten Suiten, die neben einem Schlafzimmer auch noch über einen separaten Wohnbereich verfügen sowie – auf modernen Luxuslinern üblich – mit Balkonen ausgestattet sind. Kostengünstiger sind auch Kabinen im vorderen Schiffsbereich, da dort mitunter stärkere Schiffsbewegungen auftreten können; am ruhigsten sind Kabinen in der Schiffsmitte. Je höher eine Kabine liegt, desto komfortabler und kostspieliger ist sie. Nach unten werden sie kleiner, auch die Fenster, die noch weiter unten zu Bullaugen werden und sich dann auch nicht mehr öffnen lassen.

Traumschiffe auf den Weltmeeren

Luxuriösestes Kreuzfahrtschiff der Welt ist nach wie vor die zur **Hapag-Lloyd** gehörende MS »Europa«. Der 1999 gebaute Luxusliner verfügt über ein außergewöhnlich großes Platzangebot in den nur 204 Balkon-Kabinen. Neben den von hoch dekorierten Köchen zubereiteten Menüs, der freien Sitzplatzwahl und einem Bordpersonal, das den Gästen fast jeden Wünsch erfüllt, sowie exquisiten Unterhaltungsangeboten wird auch ein maßgeschneidertes Ausflugprogramm auf den karibischen Inseln geboten, das höchsten Luxus und Individualität vereint. Die 2013 in Dienst gestellte MS »Europa 2« nimmt maximal 500 Gäste auf.

Eine Sternstunde für deutsche Kreuzfahrer war im Mai 2009 die Taufe des neuen **TUI Cruises**-Schiffes »Mein Schiff« (www.tuicruises.com), das höchste Erwartungen erfüllt. Für Genuss und Individualität sorgen luxuriöse Kabinen mit Balkonen und Veranden (mit Liebe zum Detail wie z. B. Espressomaschinen für den morgendlichen Kaffee) und gleich zehn vorzüglichen Restaurants und Bistros sowie einem großzügigen und inspirierenden Wellness-Bereich. Auch »Mein Schiff 2« und »Mein Schiff 3« entsprechen den TUI Cruises-Anforderungen. Zwischen November und März wird die Karibik auf zwei Routen durchkreuzt. Bordsprache ist Deutsch.

Von der eleganten Lounge des TUI Cruises-Luxusliners »Mein Schiff« (▶ S. 14) bietet sich ein atemraubender Blick auf Himmel und Meer.

Deutsche Kreuzfahrttradition auf hohem Niveau verspricht auch die 1972 gegründete **Peter Deilmann Reederei** (www.deilmann-kreuzfahrten.de) aus Holstein. Flaggschiff ist die MS »Deutschland« (1998), einem Millionenpublikum bekannt geworden durch die Dreharbeiten zur ZDF-Serie »Traumschiff«. Die an Blattgold reiche Inneneinrichtung erweckt den Jugendstil und die Zwanzigerjahre wieder zum Leben, Kunstobjekte und Gemälde schmücken die öffentlichen Räume, und die Kabinen lassen sich mit Schlüsseln statt Codekarten öffnen. Die 520 Passagiere (280 Mann Besatzung) kommen in den Genuss von drei Restaurants, anspruchsvollen Sport- und Wellness-Angeboten sowie diversen Unterhaltungsmöglichkeiten.

Zu den beliebtesten Kreuzfahrtschiffen gehören in Deutschland die Ozeanriesen der Reederei **AIDA Cruises** (www.aida.de), eine Flotte, die eine unprätentiöse, junge Club-Atmosphäre mit Animation und viel Unterhaltung bietet.

Verwöhnprogramm

Stilvolle maritime Atmosphäre herrscht auf den Luxusschiffen »Silvercloud« und »Silverwind«, die zu **Silvercruises** (www.silversea.com) gehören. Statt auf Größe und Rundum-die-Uhr-Unterhaltung wird auf Individualität gesetzt. Bereits das Verhältnis Angestellte (400) zu Passagieren (382) verspricht Verwöhnservice. Der beginnt, wenn Sie persönlich zur Suite begleitet und mit Champagner der Marke Moët & Chandon begrüßt werden, und endet mit dem täglichen »Turndown«-Service, wenn beim Vorbereiten der Kabine für die Nacht Godiva-Schokolade als Betthupferl aufs Kissen gelegt wird. Das Restaurant »Saletta« bietet auch Outdoor-Dining an, Gäste treffen sich zum Portwein in der Bordbibliothek.

Besonders erfolgreich auf dem US-amerikanischen Markt ist die 1992 gegründete Gesellschaft **Celebrity Cruises** (www.celebritycruises.com). Eine Besonderheit der zur Fünf-Sterne-Kategorie gehörenden Schiffe sind die Spa Clubs an Bord, die (mit über 2000 qm) größten und bestausgestatteten Wellness-Center auf den Weltmeeren. Neben Thalasso-Pools unter großen Atriumfenstern warten Jogging-Laufstrecke, Shiatsu und Akupunktur auf Interessierte. Glanzpunkt der Flotte sind die zur sogenannten Millennium-Klasse gehörenden Schiffe, mit einer Kapazität von 2450 Passagieren (und knapp 1000 Angestellten) die größten der Celebrity-Flotte, von denen etwa drei Viertel der Kabinen über eigene Balkone verfügen.

Vom Wellenreiten im »Flow Rider Surfpark«, der Kletterwand, zum Karaoke-Abend und der abendlichen Eiskunstlauf-Revue – die zur Kategorie der 4,5-Sterne-Schiffe gehörende Flotte der **Royal Caribbean International** (www.royalcaribbean.com) zieht ein jüngeres, aktives Publikum an. Zur Flotte der 24 moderneren Schiffe gehört auch die über 15 Decks verfügende Freedom Class, mit einer Gesamtlänge von 339 m, 1818 Kabinen, 3634 Passagieren und einer Crew von 1360 die größten Kreuzfahrtschiffe der Welt. Die Kabinen sind geräumig (ab 14 qm), neben einem Hauptrestaurant stehen fünf Spezialitätenrestaurants zur Verfügung. Wellness und Unterhaltung gehören auch dazu.

Die Flotte der 24 **Carnival Cruise Lines**-Schiffe (Vier-Sterne-Kategorie, www.carnival.com) bietet luxuriös ausgestattete Spa- und Fitnesscenter, Pizzeria, Buffet- und Sushi-Restaurants neben den Hauptrestaurants sowie zahlreiche Bars, Nachtclubs und ein Casino. Im zweistöckigen Theater wird allabendlich ein Showprogramm geboten, das zwischen Las Vegas und Broadway angesiedelt ist.
Die Schiffe (Vier-Sterne-Kategorie) der **Princess Cruise** (www.princess.com) sind besonders beliebt bei US-amerikanischen Paaren mittleren Alters. Unterhaltung und Verpflegung sind hervorragend, legendär ist die während jeder Karibik-Kreuzfahrt veranstaltete »Island Night Deck Party«. Auf den Schiffen »Caribbean«, »Crown« und »Emerald Princess« können Sie im »Café Caribe« karibische Küche auch an Bord genießen.
Im Stil eines traditionellen Transatlantik-Liners ist die »Norway« gebaut. Der Kreuzer mit mehr als 300 m Länge, 1962 vom Stapel gelassen, sticht meist von Miami in See. Besonders Familien schätzen auf der »Norway« die drei Swimmingpools, die gekonnt inszenierten Broadway-Shows und das stilvolle Art-déco-Theater.
Ein Name, der seit 1840 weltweit für hohe Qualität steht, ist **Cunard Line** (www.cunard.com). Die Luxusliner der Flotte (Fünf-Sterne-Segment) sind gleichzeitig traditionell und ausgestattet mit modernstem Luxus. Seit 2003 gehört die »Queen Mary 2«, die das legendäre Kreuzfahrtschiff »Queen Elizabeth 2« ablöste, zur Cunard. Der Luxusliner ist eindrucksvoll ausgestattet, angefangen von der sechsstöckigen Grand Lobby bis zu den Kabinen, von denen noch die kleinsten über 18 qm verfügen. Zehn Restaurants, zwölf Bars, Theater und Bibliothek sowie fünf Pools, Fitnesscenter, Canyon Spa Club, Jogging-Pfad und Golfsimulator sind nur einige der luxuriösen Ausstattungsdetails.
Unterwegs in der Karibik wird man bald feststellen, dass einige Inseln keinen Pier für Kreuzfahrtschiffe besitzen und Sie vor dem Hafen auf Reede liegen. Der Transport der Passagiere vom Schiff in den Hafen (und zurück) erfolgt durch Tenderboote für 50 bis 100 Passagiere. Bei mehreren Tausend Passagieren kann das mitunter eine Weile dauern.

Klima und Kleiderordnung

In der Karibik herrscht ganzjährig tropisches Klima; in den Koffer gehören leichte Baumwoll- und Leinenbekleidung. Einige (vorwiegend europäische) Kreuzfahrtschiffe haben oft eine Kleiderordnung, d. h. zum Essen wird Wert auf formale Bekleidung gelegt (lange Hosen, Krawatte, Jackett für Herren, evtl. auch Dinnerjacket, für Damen Abendkleid). Auf US-Schiffen geht es legerer zu.

Das Einschiffen

Zunächst wird das Gepäck abgegeben und vom Bordpersonal zur Kabine gebracht. Man erhält eine Schlüsselkarte, meist eine Chipkarte mit Foto, die auch als Bordausweis fungiert und zum bargeldlosen Bezahlen verwendet wird sowie der Kontrolle beim Landgang dient. Hierzu wird ein Abzug der Kreditkarte gemacht. Beim Betreten des Schiffes macht man auch die erste

Bekanntschaft mit dem Bordfotografen; seine Fotos kann man später erwerben. Wenn die Tischreservierung nicht schon zu Hause erfolgt ist, geschieht dies bald nach dem Einschiffen, für gewöhnlich werden die Gäste in zwei Sitzungen bedient. Zu Beginn der Reise werden die Passagiere auch mit den Sicherheitsbestimmungen an Bord vertraut gemacht. Dazu versammeln sich die Gäste, bekleidet mit Schwimmwesten, an den Rettungsbooten und werden in die Vorgehensweise im Notfall (»Rettung«) eingewiesen.

Veranstaltungen an Bord

Per Bordfernsehen, mit Rundschreiben, Durchsagen und Bordzeitungen werden die Passagiere auf Veranstaltungen aufmerksam gemacht, die mit den Gepflogenheiten an Bord vertraut machen, auf Freizeit, Sport, Nachtleben und Animationen hinweisen, und auf Vorträge, die den Landgang und Ausflüge vorbereiten. Wichtig ist der Schalter für die Landausflüge. Hier kann man Informationen über die Inseln und Häfen einholen und auch Ausflüge buchen. Oft gibt es auch einen Plan der Insel und einen Stadtplan der Hafenstadt.

Das Ausschiffen

Das Ausschiffen am Ende der Kreuzfahrt kann wieder etwas langatmig werden, doch angesichts der herrlichen zurückliegenden Tage nehmen dies die Passagiere meist mit Gelassenheit hin. Wieder zu Hause, halten nicht zuletzt auch die gelegentlichen Werbebriefe der Reederei (falls Sie hierzu Ihre Zustimmung gegeben haben) die Erinnerung wach und motivieren, bald wieder an Bord zu kommen. Die Karibik ist schließlich ein großes Revier, und es gibt noch viele weitere Inseln und Inselchen zu entdecken.

---

grüner reisen

Kreuzfahrten sind aus ökologischer Sicht nicht unumstritten: Auf den riesigen Schiffen wird nicht nur überproportional viel Energie für den reinen Passagiertransport verwendet, sondern auch für andere Dinge wie Wasseraufbereitung oder Heizung. Zudem entstehen täglich mehrere Tonnen Müll sowie Abwässer und Emissionen. Doch die Kreuzfahrtreedereien sind sich ihrer Verantwortung für das Ökosystem Meer inzwischen durchaus bewusst. Die Entwicklung neuartiger Antriebssysteme, technische Innovationen, z. B. bei der Abwasseraufbereitung, oder das Einsparen und Recyceln von Müll sind bei allen großen Anbietern selbstverständlich. Die AIDA-Schiffe beispielsweise sind nach der internationalen Umweltnorm ISO 14001 zertifiziert. Während einer Karibikkreuzfahrt bieten sich Ihnen viele Möglichkeiten, sich an Land umweltbewusst zu verhalten und Menschen zu unterstützen, denen ein verantwortungsvoller Umgang mit der Natur am Herzen liegt, beispielsweise durch den Besuch von Restaurants, die (Bio-)Lebensmittel aus der Region verwenden, oder dem Einkauf in kleinen Läden, die noch traditionelle Produkte fertigen.

↓ Grüne Empfehlungen sind durch dieses Symbol gekennzeichnet.

Essen und Trinken
Fliegende Fische, Süßkartoffeln und Ingwerbrot, Muskatnusskuchen aus Grenada, Rumcocktails und Pepperpot: In der Karibik liebt man es exotisch und mitunter feurig gewürzt.

◀ Mount Gay Rum von der gleichnamigen Destillerie auf Barbados ist bei Besuchern heiß begehrt.

So bunt gemischt wie die Inseln und ihre Menschen ist auch die Küche der Karibik. Sie vereint Einflüsse aus afrikanischen, indianischen und asiatischen Kochtöpfen mit den Küchengeheimnissen der ehemaligen Kolonialherren, der Briten, Franzosen, Spanier und Niederländer. Jede Insel hat ihre eigenen Spezialitäten, und überall triumphiert die Lust am Genuss. Jahrhundertelang existierten keine schriftlichen Aufzeichnungen über die Zubereitung der auf vielen Inseln so beliebten »pepperpots« und »callalous«. Mütter gaben ihren Töchtern ihre eigenen Rezepte für die scharf gewürzten Eintöpfe aus verschiedenen Fleisch- und Gemüsesorten weiter.

Duftende Gesamtkompositionen

Auf allen Inseln verbreitet sind Huhn (gegrillt, gebraten, in würziger Kokossauce), Schwein und Lamm. Köstlich sind die verwendeten Gewürze. Eine duftende Gesamtkomposition ist »coconut lamb with gin, lime and garlic«, nämlich Lamm in Kokosnusssauce mit Gin, Limette und Knoblauch. Unwiderstehlich ist auch »jerked pork with baked sweet potatoes«, gebratener Schweinerücken mit gebackenen Süßkartoffeln, eine Spezialität aus Barbados. Ursprünglich stammt die »jerked« genannte Zubereitungsart aus Jamaika. Dort war es üblich, in einer Marinade aus Zwiebeln, Essig, Sojasauce und exotischen Gewürzen eingelegtes Schweinefleisch ganz langsam im Ofen garen zu lassen.

Ein Klassiker ist »broiled lobster«, Hummer, der durch »pineapple & brandy sauce« (Ananas-Brandy-Sauce) eine tropische Note erhält. Beliebt ist auch »dolphin fish«, ein thunfischähnlicher Speisefisch mit delikatem weißen Fleisch, auch »mahi-mahi« genannt. Probieren Sie auch »grilled mahi-mahi with red pepper«, gegrillte Goldmakrele mit roten Pfefferschoten.

Fangfrisch aus dem Meer

Auf den Französischen Antillen werden als Vorspeise »crabes farcis« serviert: kleine, mit Kräutern und Knoblauch gewürzte Taschenkrebse. Probieren sollte man auch »blackened fish«, mariniert und scharf angebraten. Auf den Speisekarten der britischen Leeward-Inseln, von St. Kitts bis Dominica, zu finden ist »corn soup with pumpkin bread«, Maissuppe mit Kürbisbrot.

Beliebte Vorspeisen sind auf allen Inseln die »acras«, frittierte Fischbällchen, die in scharfe Saucen gedippt werden.

Tropische Früchte

Eine besondere Gaumenfreude sind die Desserts, beispielsweise »banana ice cream«, die frisch zubereitet und in Kokosnussschale serviert wird. Standardrezept auf Trinidad wie Barbados ist ein »lemon cornmeal cake«, ein Zitronen-Maismehl-Kuchen, der mit Mango- oder Ananascreme gefüllt wird.

Empfehlenswerte Restaurants finden Sie bei den Orten im Kapitel ▶ **Unterwegs in der Karibik.**

Preise für ein dreigängiges Menü:

€€€€ ab 45 €	€€ ab 20 €
€€€ ab 30 €	€ bis 15 €

Einkaufen
Zigarren aus Kuba und Rum aus Puerto Rico sind typische Mitbringsel aus der Karibik. Dazu kommen Korbwaren, fröhlich-bunte Bilder mit Alltagsszenen von den Inseln sowie Zollfreies aus dem Duty Free.

◂ Auf Kuba und in der Dominikanischen Republik werden Zigarren noch kunstvoll von Hand gedreht.

Es bleibt selten nur beim Anschauen. Auf einer Kreuzfahrt, wo man innerhalb kurzer Zeit die unterschiedlichsten Orte kennenlernt und so viele schöne Dinge auf einmal sieht, wird Shopping meist zur liebsten Nebensache der Reise. Den Passagieren wird es auch insofern leicht gemacht, als sich Geschäfte meist in der Nähe befinden, sowohl an Bord als auch beim Landgang. In den Cruise Terminals der Inseln findet man Dutzende von (zollfreien) Einkaufsmöglichkeiten, vom kleinen Stand oder Shop mit T-Shirts bis hin zur Designer-Boutique. Die Häfen sind gut auf die Kreuzfahrer vorbereitet. Immer gehören Schmuck, Parfüm, Elektronikartikel, Kunsthandwerk und alkoholische Getränke zum Angebot.

Will man elektronische Geräte oder Kameras zollfrei erstehen, sollte man zuvor für die gewünschten Artikel die üblichen Heimatpreise kennen, um vergleichen zu können. Das Angebot an zollfreien Waren ist in St. Thomas (US-Jungferninseln), San Juan (Puerto Rico) und Nassau (Bahamas) besonders reichhaltig.

Zigarren, Rum und Vanille

Natürlich besitzt jede Insel ihre eigenen Spezialitäten: Kuba hat die besten Zigarren, auf Barbados ist das Angebot an Rum besonders groß. Aus Puerto Rico stammen Bacardi und Hängematten. Die Gewürzinsel Grenada bietet Vanilleschoten, Muskatnüsse, Zimtstangen, Nelken und andere beliebte tropische Gewürze, für Besucher praktisch zusammengestellt in kleinen Präsentkörben. Jamaika offeriert auf seinen Craft Markets neben einer Vielfalt an Korbwaren auch Reggae-CDs.

Auf Trinidad und Tobago lebt die Musik der Steelbands; hier kauft man auch für ein paar Euro bunt angemalte »steel pans«, Musikinstrumente, denen schon Kinder die typischen Rhythmen entlocken können. Die Lust am Dekorativen lebt auf den Französischen Antillen, wo Sie wunderschönen Muschelschmuck in allen Preisklassen kaufen können.

Farbenfrohe Souvenirs

Die Kunst der Holzschnitzerei ist auf vielen Inseln lebendig. Aus Tropenhölzern von Plantagenanbau werden Kämme, Schalen und Skulpturen, auch größere Möbelstücke gefertigt, individuell und rustikal zugleich. Immer wieder werden auch Gemälde zum Kauf angeboten. Auf Straßen und Plätzen aufgebaut werden Staffeleien mit den farbenfrohen, naiven Szenen, die das Leben der Menschen in der Karibik zum Thema haben: Frauen, die Melonen auf dem Kopf nach Hause transportieren, Männer bei der Ernte auf dem Feld, westindische Häuser. Beim Kauf wird die Leinwand des Bildes vom Rahmen getrennt und zusammengerollt und nimmt so kaum Platz in Anspruch.

An den Zoll im Heimatland muss man bei der Rückkehr denken. Es gibt Beträge, die nicht überschritten werden dürfen. Beachten Sie auch, dass die Einfuhr von Korallenschmuck, Conch-Schnecken und Schildpatterzeugnissen verboten ist.

Empfehlenswerte Geschäfte und Märkte finden Sie bei den Orten im Kapitel
▶ **Unterwegs in der Karibik.**

Feste und Events
Heiße Calypso-Rhythmen, Reggae- und Steelbands würzen die vielen Festivals und auch den Karneval. Wo sich die Einheimischen treffen, geht es besonders herzlich zu.

◀ Auf Antigua findet jährlich im April die »Antigua Sailing Week« (▶ S. 23) statt, die größte Segelregatta der Karibik.

JANUAR
Jamaica Jazz & Blues Fest
In Montego Bay sind sämtliche Hotels ausgebucht, wenn internationale Stars und junge Talente sich zu Jazz und Blues, Reggae, Funk und Pop treffen.
2. Januarhälfte

San Sebastián Street Festival, Puerto Rico
In der Altstadt von San Juan feiert man mit Jahrmarkt, karnevalähnlichen Paraden, Musikgruppen und ausgelassenen Tänzen.
Ende Januar • Tel. 7 87/7 24-47 88 (vom Schiff) • www.puertorico.com

JANUAR/FEBRUAR
Karneval
Aruba
Zwei Monate • Neujahr–Ende Februar
Bonaire
Januar–Faschingsdienstag
Curaçao
Anfang Januar–Ende Februar • www.curacaocarnival.info
Dominikanische Republik
Januar–27. Februar
Guadeloupe
Anfang Januar–Aschermittwoch
Puerto Rico
Januar–Aschermittwoch

FEBRUAR
Trinidad Carnival
Das größte Fest der Karibik ist der in der europäischen Fasnachtszeit stattfindende Karneval von Trinidad mit Musikveranstaltungen, Umzügen und Kostümwettbewerben.
www.ncctt.org

Holetown Festival, Barbados
Das Fest wird seit drei Jahrzehnten zum Gedenken an die englische Besiedlung begangen; mit Oldtimerparade, Open-Air-Konzerten, Gospelgesängen und Volkstänzen.
2. Februarhälfte • www.holetown festivalbarbados.com

Karneval
Saint-Barthélemy
Februar–Aschermittwoch
St. Lucia
Februar (auch 21.–22. Juli)

FEBRUAR/MÄRZ
Jamaica Carnival
Karneval wird im Februar und um die Osterzeit gefeiert, mit farbenprächtigen Umzügen und fantasievollen Kostümen.
Februar und Ostern • www.jamaica carnival.com, www.bacchanal jamaica.com

MÄRZ/APRIL
Festival Holders Season Barbados
Das größte Kulturfestival der Karibik mit Oper, Theater, Musik und Comedy findet im Holders House statt, einer Plantage des 17. Jh.
Drei Wochen • Mitte März–Anfang April • www.holdersseason.com

Puerto Rico Heineken Jazz Fest
In zwei Jahrzehnten wurde das Festival in San Juan zum bekanntesten Jazzevent der Karibik.
Vier Tage im März • www.pr heinekenjazz.com

APRIL
Antigua Sailing Week
Über 40-mal fand die Segelwoche bisher statt, eine der größten Regat-

ten der Welt. Eine wunderbare Aussicht auf das maritime Treiben ergibt sich von Shirley Heights, wo abendlich die Partys steigen.
Letzte Aprilwoche • www.sailingweek.com

Karneval
Sint Maarten
April
St. Thomas
April, nach Ostern

Barbados Gospel Fest
Gospelgesänge in jeder Form und überall auf Barbados.
Eine Woche in der 2. Maihälfte • www.barbadosgospelfest.com

JUNI

Ocho Ríos Jazz Festival, Jamaika
Musikfestival an Jamaikas Nordküste mit hochkarätiger internationaler Besetzung.
Eine Woche Mitte Juni • www.ochoriosjazz.com

St. Kitts Music Festival
»The hottest show on earth« versprechen die Interpreten verschiedener musikalischer Genres, Calypso gehört natürlich dazu. Bekannte Musiker wie Fantasia, Gyptain etc.
Drei Tage in der 2. Junihälfte • www.stkittsmusicfestival.net

JULI

Montego Bay Reggae Sumfest, Jamaika
Das größte Open-Air-Reggae-Festival Jamaikas lockt mit traditionellem Reggae sowie modernen »Riddims«; neben jamaikanischen Musikgrößen treten auch internationale Stars auf.
Eine Woche Mitte Juli • www.reggaesumfest.com

Festival del Merengue, Dominikanische Republik
Seit 30 Jahren feiert man in Santo Domingo das Tanz- und Musikfestival, mit farbenfrohen Paraden an der Meerespromenade Malecón, Musikbands und Kunsthandwerksmärkten.
Letzte Juliwoche • Tel. +1/8 88/ 3 74-63 61

Karneval
St. Lucia
21.–22. Juli (auch im Februar)

JULI/AUGUST

Crop Over Festival, Barbados
Seit dem 18. Jh. wird das Ende der Zuckerrohrernte (»Crop Over«) in Barbados ausgelassen gefeiert, heute mit Calypso-Wettbewerben, fantasievollen Kostümen und Umzügen, Musik, Folklore und karibischen Spezialitäten rund um den Bridgetown Market. Höhepunkt und Finale ist der Kadooment Day (erster Mo im August), das größte Fest der Insel. Anschließend feiert man Karneval.
Fünf Wochen im Juli/August • www.barbados.org/cropover.htm

AUGUST

Spice Mas in Grenada
In der Hauptstadt St. George's wird Karneval (»Spice Mas«) mit Paraden, Steelbands und Musik gefeiert; auch Kinderkarneval.
Eine Woche um das erste Wochenende im August • www.spicemasgrenada.com

DEZEMBER

Karneval auf den Bahamas und St. Kitts
Mitte Dezember–Anfang Januar • www.stkittscarnival.com

HAUPTSACHE UNGEWÖHNLICH.

Hauptsache zu zweit: Das neue MERIAN-Buch zeigt Trauminseln für die Flitterwochen, begleitet Liebende, Freunde und ungleiche Paare zu nahen und fernen Zielen. Und präsentiert die verrücktesten Orte, an denen man eine Nacht verbringen kann. Die Reportagen und spektakulären Fotografien werden von 90 Reise-Ideen ergänzt, die mit Tipps und Adressen zum Nachmachen anregen. ISBN 978-3-8342-1179-8, € 24,95 (D), € 25,70 (A). WWW.MERIAN.DE

MERIAN
Die Lust am Reisen

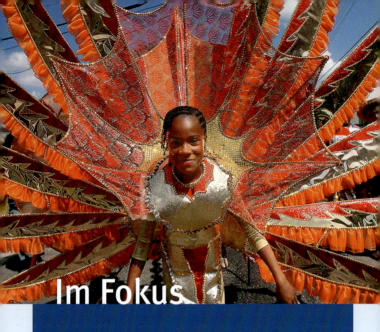

Im Fokus

Karneval in der Karibik
Auf einer der Inseln findet immer Karneval statt: wild, ausgelassen und mit heißen Rhythmen.

Nach dem Karneval ist vor dem Karneval – auf manchen Inseln dauern die Vorbereitungen das ganze Jahr über. So auch auf Trinidad: wenn sich alljährlich im Februar zwei Millionen Menschen für mehrere Tage ununterbrochen den elektrisierenden Rhythmen der Steelbands und der Calypso- und Soca-Gruppen hingeben, den Farbenrausch der Umzüge beklatschen, auf den Straßen getanzt, gesungen, gefeiert wird, der Rum in Strömen fließt und die Menschen bei der größten Party der Welt (nach Rio de Janeiro) in einen Taumel geraten. Bereits viele Monate vorher üben die Bands für das Ereignis, schaffen Kostümdesigner aufwendige Kreationen, die in eigens darauf spezialisierten Werkstätten gefertigt werden.

Erbe der Kolonialzeit

Was heute so selbstverständlich zum Festkalender gehört, stammt aus der Zeit der europäischen Kolonialherren, die das in ihrer Heimat geschätzte Ereignis in die Karibik brachten. Im Laufe der Jahrhunderte vermischten sich die aus Europa stammenden Kostüme und Masken mit denen des afrikanischen Kontinents und dessen spirituellen Glaubensformen. Heute wird Karneval in der gesamten Karibik begeistert gefeiert. Die im Jahreskalender dafür vorgesehene Zeit passte sich den Bedürfnissen und dem Rhythmus

◀ Höhepunkt des Karnevals ist das Maskenfest in Port of Spain (▶ S. 120).

der jeweiligen Insel an; in Barbados zum Beispiel integrierte man den Karneval in die Monate Juli und August nach der Zuckerrohrernte und dem Erntedankfest (»Crop Over«). Anfang August wird der Karneval auf Barbados mit farbenfrohen Umzügen, Tänzen und Trommelparaden gefeiert. An den Stränden werden Grills aufgebaut, Rumpunsch und Bier ausgeschenkt, und die in farbenprächtige Kostüme gekleideten Frauen machen gute Umsätze mit dem Verkauf von deftigem »Pepperpot«-Eintopf und anderen hausgemachten Köstlichkeiten. Auch auf den Inseln Antigua, Grenada und Kuba feiert man Karneval im Juli/August. Auf St. Kitts wurde Karneval auf die Zeit zwischen Weihnachten und Neujahr gelegt, da die auf den Zuckerrohrplantagen schuftenden Sklaven in dieser Woche arbeitsfrei hatten. Im Dezember regieren die Narren auch auf St. Croix, Saba und Sint Eustatius, und da die Bewohner von Saba und St. Eustatius so begeistert sind von den Festivitäten, begeht man hier Karneval gleich noch einmal im Juli.

In Havanna auf Kuba feiert man im Juli. Neben der Altstadt ist einer der für Besucher interessantesten Schauplätze die Uferpromenade Malecón, wo sich Open-Air-Restaurants und Musikbühnen aneinanderreihen. Menschen tanzen auf den Straßen, nicht anders als auf den Nachbarinseln, eine Ekstase aus Tönen und Farben.

Calypso und Reggae

Größtes Ereignis der Karibik ist der Karneval (»Mas«, Abkürzung von Masquerade, nämlich Maskenfest) von Trinidad am Rosenmontag (»Joo Vay«, »Jour Ouvert«) und Faschingsdienstag (»Mardi Gras«). Die Besucher kommen aus aller Welt. Das Zentrum des Geschehens ist La Savannah, der größte Platz der Hauptstadt Port of Spain. Dort führt der Umzug der Calypso-, Reggae- und Steelband-Musikgruppen vor den großen Zuschauertribünen vorbei. Der Ablauf des Festes ist in zahlreiche »Mas«-Bands gegliedert. Ein sogenannter Bandleader wählt das Thema, das für die jeweilige Gruppe bestimmt, wie die Kostüme in etwa auszusehen haben. Tausende von Menschen flanieren in Gruppen mit jeweils gleicher Kostümierung zum Rhythmus der Musik über die Straßen.

Die Steelbands proben am Strand für den großen Auftritt. Die Frauen gehen in ihre Clubs zum Entwerfen und Schneidern der Kostüme. Wenn es dann soweit ist, trifft man sich mitten in der Nacht. Um 3 Uhr morgens bewegen sich Männer und Frauen mit wiegenden Hüften im Socca-Tanzsstil. Beim Karneval auf Trinidad gehört »Bachhanal«, das wüste Trinkgelage, wie man es im alten Rom gekannt hat, zum guten Ton und zum allgemeinen Sprachgebrauch.

Eigens für Fasching komponiert werden auf Trinidad jedes Jahr die Calypsos. In der Nacht zum Rosenmontag wird dann jene Musikkapelle gekürt, deren Calypso bislang am häufigsten auf den Straßen zu hören war und die den größten Anklang bei der Bevölkerung fand – ein Riesenereignis, denn in Trinidad sind erfolgreiche »Calypsonians« die wahren Helden der Insel.

Weitere Infos unter:

www.jamaicacarnival.com
www.carnaval-martinique.info
www.curacaocarnival.info

Die Twin Pitons (▶ S. 115, 117) auf St. Lucia gelten als Wahrzeichen der Karibik: Gros Piton (im Bild) und der etwas kleinere Petit Piton.

Unterwegs
in der Karibik

»Ich sah so viele Inseln, dass ich mich nicht entscheiden konnte, welche zu besuchen«, schrieb Christoph Kolumbus 1492 in sein Bordbuch, als er die Karibik erreicht hatte.

Bahamas und Turks & Caicos
Die beiden Inselgruppen versprechen Naturerlebnisse und einen kultivierten Way of Life. US-Amerikaner prägen das Alltagsleben, die Restaurant- und Geschäftsszene.

◂ Beim Einlaufen in den Hafen von Nassau wird man vom luxuriösen Atlantis Paradise Island Resort (▸ S. 36) begrüßt.

Nur 160 km südlich von Miami bilden mehr als 700 Inseln und über 2000 »cays«, kleine und kleinste Korallenkalkinseln, das Archipel der Bahamas. Die Bahamas sind nach mehr als drei Jahrhunderten als englische Kolonie seit 1973 ein unabhängiger Staat im Britischen Commonwealth. Kaum drei Dutzend der Inseln sind bewohnt und bieten eine gut entwickelte touristische Infrastruktur mit vielen Hotels im oberen Preissegment, vorzüglichen Restaurants und attraktiven Freizeiteinrichtungen. Nicht wenige US-Amerikaner unterhalten auf den Bahamas einen Zweitwohnsitz. Obwohl die Bahamas geografisch zur Karibik gehören, fühlt man sich mitunter an Florida erinnert. Über 80 % der Bewohner sind Nachkommen ehemaliger afrikanischer Sklaven.

Rund 350 km südöstlich der Bahamas liegen die 40 Inseln, die sich in die Turks- und die Caicos-Inseln gliedern. Sie sind der Überlieferung zufolge 50 Jahre vor Kolumbus von den Türken entdeckt worden und bilden heute ein britisches Überseegebiet mit weißen Stränden, umgeben von Korallen und türkisfarbenem Meer.

BAHAMAS
▸ Klappe vorne, b 1–d 2

Wer von den Bahamas spricht, meint in der Regel die Insel New Providence und deren Hauptstadt Nassau. In New Providence, mit 34 km Länge und 11 km Breite eine der eher kleineren Inseln der Bahamas, leben zwei Drittel der rund 354 000 Einwohner. Die Schönheit und Berühmtheit ihres Eilands teilen sie mit vielen anderen: Jährlich besuchen etwa eine Million Touristen New Providence, das weiße Strände, hervorragende Hotels, Restaurants und vorzügliche Shopping-Möglichkeiten bietet.

Nassau (New Providence)
▸ Klappe vorne, b/c 1

250 000 Einwohner
Stadtplan ▸ S. 33

Das an der Nordostküste liegende Nassau, nach Wilhelm von Oranien-Nassau, dem damaligen englischen König, benannt, ist Hauptstadt des »Commonwealth of The Bahamas«. Die Stadt, kulturelles und wirtschaftliches Zentrum der Inseln und einer der geschäftigsten Kreuzfahrthäfen der Karibik, ist kosmopolitisch und modern, verführt aber gleichzeitig mit bahamischer Tradition und vielen historischen Bauwerken.

Kreuzfahrtschiffe ankern für gewöhnlich an der **Prince George Wharf** im Zentrum von Nassau.

SEHENSWERTES
Auf den Spuren von James Bond

Die Bahamas sind das Lieblingsrevier von Agent 007. Bereits sechs Filme wurden hier gedreht. Szenen des Films »Thunderball« von 1965 wurden im »Café Martinique« auf Paradise Island aufgenommen, das mittlerweile im »Atlantis Resort« neu eröffnet wurde. Ein ebenfalls beliebter Drehort war die Lobby des 1920 erbauten Hotels »Colonial«, heute ein Hilton-Hotel (»Paradise Island«). Die geschäftige Bay Street wurde immer wieder zum Schauplatz für Bond-Filme, wenn dort am 26. Dezember und am 1. Januar die farbenprächtige Junkanoo-Parade während des Junkanoo-Karnevals stattfindet.

Fort Charlotte ▸ S. 33, westl. a 2
Das von Zinnen gekrönte Befestigungsbauwerk wurde am westlichen Stadtrand Ende des 18. Jh. von Lord Dunmore erbaut und ist das größte der drei städtischen Forts. Es besitzt Verliese, eine Zugbrücke und einen Wassergraben und ist immer wieder Schauplatz für abendliche Veranstaltungen. Vom Fort aus genießt man einen hervorragenden Blick auf den Hafen sowie auf Arawak Cay, eine 1967 künstlich angelegte Insel.
West Bay Street • tgl. 8–16 Uhr • Eintritt frei

Fort Fincastle ▸ S. 33, b 3
Diese etwas ungewöhnliche, schiffsartige Befestigungsanlage aus Kalksandstein wurde 1793 von Lord Dunmore, dem damaligen Gouverneur, aus Sicherheitserwägungen heraus auf Bennet's Hill erbaut. Da sich in der Geschichte des Forts kein Feind blicken ließ, diente die Fortanlage zunächst als Leuchtturm. Von dem 1928 auf Bennet's Hill errichteten Wasserturm genießt man einen herrlichen Ausblick auf die gesamte Anlage und über die Insel. Sie erreichen das Fort von der Stadt aus über die 65 Stufen der Queen's Staircase.
Queen's Staircase, Elizabeth Avenue, ab Shirley Street • geführte Touren tgl. 8–15 Uhr • Eintritt frei

Junkanoo Expo ▸ S. 33, a 2
Stelzen und Kostüme aus gekräuseltem Papier, riesige, mit Ziegenfell bespannte Trommeln, Clown-Kostüme mit hohen, spitzen Hüten, Masken aus Leder und Naturschwämmen: eine Dauerausstellung, die die typischen Kostüme der zu Weihnachten und Neujahr stattfindenden Junkanoo-Umzüge zeigt. Die farbenprächtigen, von mitreißender Instrumentalmusik begleiteten Paraden zeigen Elemente des afrikanischen Ahnenkults der Yoruba, von dem die Mehrheit der Bahamen abstammt.
Prince George Wharf • tgl. 10–16 Uhr • Eintritt 2 BSD

Queen's Staircase ▸ S. 33, b 2/3
Von der Stadt zum Fort Fincastle führt eine historische, 30 m lange Treppe. Deren Stufen wurden 1793 bis 1794 von damaligen afrikanischen Sklaven in mühevoller Arbeit aus dem Felsen gehauen, um eine schnelle Verbindung zwischen Stadt und Fort zu sichern. Die insgesamt 65 Treppenstufen symbolisieren die 65-jährige Regierungszeit von Königin Victoria (1837–1901).
Elizabeth Avenue, ab Shirley Street

MUSEEN
National Art Gallery of the Bahamas ▸ S. 33, westl. a 2
Die Kunstgalerie gilt als bestes der zahlreichen städtischen Museen: In der historischen Villa Doyle von 1866, einem großen, repräsentativen Bauwerk mit zwei Flügeln und mit umlaufenden Veranden, verschafft man sich einen Einblick in die lebhafte Kunstszene der Bahamas. Zu sehen sind Kunstobjekte, Gemälde, Fotografien und Installationen.
West Hill Street, Ecke West Street • www.nagb.org.bs • Di–Sa 10–16, So 12–16 Uhr • Eintritt 5 BSD

Nassau (New Providence) 33

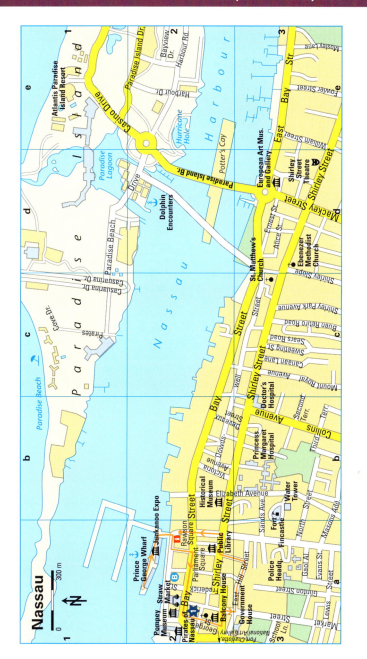

MERIAN-Tipp

PIRATEN DER KARIBIK ♟♟
▶ S. 33, a 2

Im Museum »Pirates of Nassau« wird die legendenreiche Zeit der Piraterie wieder lebendig, eine Epoche, in der auch die Bahamas im Zentrum des Interesses standen. Das Piratenschiff »Revenge« (Rache) zeigt Besuchern, wie die Herren der Meere damals lebten und liebten, welche Schätze erbeutet wurden und wie daraus Legenden entstanden.
George Street/Ecke King Street • Tel. 2 42/3 56-37 59 • www.pirates-of-nassau.com • Mo–Sa 9–18, So 9–12 Uhr • Eintritt 12 US-$, Kinder 6 US-$

SPAZIERGANG

Stadtplan ▶ S. 33

Starten Sie Ihren Rundgang am Welcome Center der **Prince George Wharf**, dem Liegeplatz der Kreuzfahrtschiffe, wo Sie nicht nur Broschüren erhalten, sondern auch Touren buchen können. **Festival Place** heißt hier das hallenähnliche Gebäude voller kleiner Verkaufsstände, die T-Shirts, Kunstgewerbe und Strohhüte feilbieten. Im Hairbraider's Centre haben die Friseure der Insel ihre Stände und flechten die Haare der Kundschaft zu kleinen Zöpfchen. Vorbei am **Straw Market** passieren Sie die **Bay Street**. Diese ist die älteste Straße von Nassau, früher »The Strand« genannt, Grenze zum Hafen und heute die Hauptstraße der Stadt. Über die Cumberland Street, vorbei am Piratenmuseum (»**Pirates of Nassau**«), gelangen Sie zum **Government House**; das repräsentative Gebäude von 1801 mit hohen Säulen in Weiß und leuchtendem Rosa beherbergte bis 1973 den Amtssitz des Gouverneurs. Sie passieren die **Nassau Public Library** in der East Hill Street, zwei Querstraßen weiter östlich, und gelangen zum nördlich davon liegenden **Parliament Square**. Nur getrennt durch die daran anschließende Bay Street liegt der zweite große Hauptplatz von Nassau, genannt **Rawson Square**.
Dauer: 1,5 Stunden

ESSEN UND TRINKEN

Graycliff ▶ S. 33, westl. a 2

Edel und stilvoll • 1740 erwarb der Piratenkapitän John Graysmith dieses Haus, das heute ein stilvolles Fünf-Sterne-Hotel beherbergt. Das angeschlossene Restaurant, untergebracht in einer von Säulen flankierten Villa, gehört zu den besten Adressen Nassaus: Bei Piano-Klängen werden kontinentale und lokale Gerichte serviert; Cocktails nimmt man in der ehemaligen Bibliothek ein. Zum Dinner ist eine Reservierung erforderlich.
8–12 West Hill Street • Tel. 2 42/3 02-91 50 • www.graycliff.com • Mo–Fr 12–15 Uhr, tgl. bis 22.30 • €€€€

East Villa ▶ S. 33, e 3

Karibik und Asien vereint • Seit mehr als zwei Jahrzehnten eine der besten Adresse auf den Bahamas, um asiatisch zu essen. Authentische Szechuan- und kantonesische Küche aus China, auch »Continental Specialities« (Steaks und Lammfleisch, Fisch etc). Die edel designte Villa wird geschätzt auch von VIPs und Prominenten wie Michael Douglas und Catherine Zeta-Jones.

East Bay Street • Tel. 242/393 33 77 • www.eastvillabahamas.com • Mo–Fr 12–15, 18–23, Sa 18–23, So 12.30–15, 18–22 Uhr • €€€

Café Matisse ▶ S. 33, a 2
Mit Garten • Lobster-Lasagne und Pizza Frutti di Mare: italienische Küche mit karibischen Elementen in einem 100 Jahre alten kolonialen Herrenhaus im Zentrum von Nassau. Bank Lane, beim Parliament Square • Tel. 2 42/3 56-70 12 • www.cafe-matisse.com • Di–Sa 12–23 Uhr • €€

EINKAUFEN
Haupteinkaufsstraße ist die Bay Street, die parallel zum Meer und zum Hafen verläuft. Hier sind ungezählte Boutiquen für inseltypische Spezialitäten und Duty-free-Waren in farbenfrohen Kolonialhäusern untergebracht.

AM ABEND
Nachtclubs, Bars, Diskotheken und Spielcasinos finden sich in fast allen Hotels in Nassau und Paradise Island. Besonders beliebt bei den Touristen sind Shows, die Feuerschlucken, Limbotänze, teilweise auch kleine Junkanoo-Paraden vereinen.

STRÄNDE
Puderzuckersand, türkis schimmerndes Meer mit kristallklarem Wasser, Palmen und Hotels: Neben **Cable Beach**, westlich von Nassau, ist die kleine vorgelagerte und durch einen Damm mit New Providence verbundene Insel **Paradise Island** ein bevorzugtes Zentrum des Tourismus.

An den Stränden von **Arawak Cay**, der künstlich angelegten Insel am Stadtrand von Nassau, trifft sich die Bevölkerung an Wochenenden zu karibischer Musik, die von DJs auf-

Captain »Jack Sparrow« lässt grüßen: Im Museum »Pirates of Nassau« (▶ MERIAN-Tipp, S. 34) erwacht die »glorreiche Ära« der Piraterie zu neuem Leben.

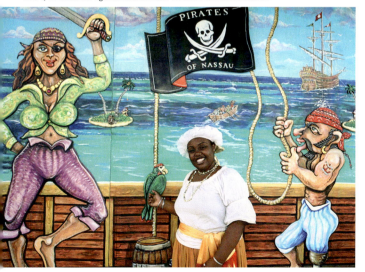

gelegt wird, und labt sich an den Spezialitäten der vielen Garküchen, die Cocktails und frische »Conch«-Salate offerieren.

SERVICE
AUSKUNFT
Tourism Office ▸ S. 33, a 2
Rawson Square, Bay Street • Tel. 2 42/ 3 22-78 01 • www.bahamas.de

Ausflug

◎ Atlantis Paradise Island Resort ▸ S. 33, e 1

Türmchen und zwei gigantische, rosafarbene Hochhäuser, die durch eine Brücke in den oberen Stockwerken miteinander verbunden sind – das größte und vielseitigste Hotel der Bahamas bietet auch einen Wasserpark zwischen Kokospalmen am Meer, der durch seine Größe als auch Ausstattung beeindruckt. Riesige Rochen, Meeresschildkröten und Seepferdchen: Das ebenfalls zum »Atlantis« gehörende Marine Habitat ist mit 50 000 Meeresbewohnern das größte Meeresaquarium der Welt und sicher auch das ungewöhnlichste, nämlich dekoriert mit Bauelementen der mystischen Unterwasserstadt Atlantis.
Paradise Island • www.atlantis.com • tgl. 9–17 Uhr
3 km nördl. von Nassau

Freeport/Lucaya (Grand Bahama) ▸ S. 140, B 3
Stadtplan ▸ S. 37

Am Nordrand der Bahamas, nördlich von Nassau, liegt die etwa 120 km lange und bis zu 25 km breite Insel Grand Bahama (55 000 Einwohner) mit der Verwaltungsstadt Freeport an der Südküste, einem der Haupthäfen für Kreuzfahrtschiffe und erst 1955 gegründet. Östlich an Freeport schließt sich Port Lucaya an. Die drei Kinofilme der Filmreihe »Fluch der Karibik« mit Johnny Depp als »Captain Jack Sparrow« wurden allesamt auf Grand Bahama gedreht.

Ein Vergnügungsviertel erstreckt sich um den Count Basie Square (der Swing- und Jazzmusiker lebte auf Grand Bahama) mit zahlreichen Geschäften und Restaurants.

Der Stadtteil **Lucaya** lockt mit seinem neben dem Jachthafen gelegenen Port Lucaya Marketplace, dessen Geschäfte (Mo–Sa 10–18 Uhr) viele Shopper anziehen und der abends zum Vergnügungsbezirk wird, und seinem neuen Casino.

Abgesehen von zahlreichen Duty-free-Shops, Spielcasinos und Shoppingmalls in Freeport und Lucaya besticht Grand Bahama Island durch seine natürliche landschaftliche Schönheit.

GRAND TURK ISLAND ▸ Klappe vorne, d 2

Karte ▸ S.141

Südöstlich der Bahamas liegen in 300 bis 400 km Entfernung die Turks & Caicos Islands, von denen acht der ingesamt 40 Inseln bewohnt sind (36 000 Einwohner). In politischer Hinsicht sind sie eine britische Kronkolonie. Die Inseln sind umgeben vom drittgrößten Korallenriff der Welt und gliedern sich in die größeren (nordwestlichen) Caicos und die kleineren (südöstlichen) Turks. Die Insel Grand Turk mit der Hauptstadt Cockburn Town liegt daher südöstlich der South Caicos. Sie ist 11 km lang und ca. 2 km breit. Von Februar bis April ziehen 2500

Nassau (New Providence) – Grand Turk Island 37

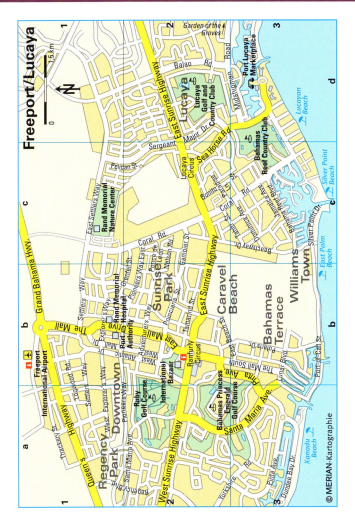

Buckelwale durch die karibischen Inseln und versammeln sich an der **Mouchoir Bank**, 50 km südöstlich von Grand Turk: ein einzigartiges Naturschauspiel.
Kreuzfahrtschiffe legen am **Cruiseship Pier** an der Südwestseite der Insel an, der mit 900 m Länge zwei Schiffe aufnehmen kann.

WUSSTEN SIE, DASS ...

... John Glenn nach seinem Weltraumflug am 20. Februar 1962 an der Südostküste von Grand Turk landete? Eine Replika seiner Raumkapsel »Friendship 7« steht am Eingang des Grand Turk Island Airport.

Cockburn Town

4000 Einwohner ▶ S. 141, B 3

Die etwas verschlafen wirkende, 1681 gegründete Siedlung Cockburn Town, Verwaltungszentrum der Turks and Caicos, besitzt pastellfarbene Häuser im karibischen Kolonialstil und verbreitet eine nostalgische westindische Stimmung.

SEHENSWERTES

Grand Turk Lighthouse

Der Leuchtturm an der Nordspitze der Inseln diente ab 1852 der amerikanischen Seefahrt. Der 20 m hohe Turm wurde in England gebaut und auf Grand Turk zusammengesetzt. Das historische Gebäude sowie das Leuchtturmwärterhäuschen werden vom National Trust unterhalten. An seinem Fuß gibt es einen schattigen Picknickplatz, von dem man im Februar und März die vorbeiziehenden Wale beobachten kann. Ganz in der Nähe zieht sich der Inlandsee North Creek nach Süden, den viele Historiker für das Gewässer halten, das Kolumbus 1492 als ersten Ankunftsort in der Neuen Welt beschrieb.

Lighthouse Road, North Ridge • nur von außen zu besichtigen

Old HM Prison

Das ehemalige Gefängnis aus dem 19. Jh. kann besichtigt werden.

Duke Street • Mo–Fr 9–16, Sa 9–13 Uhr • Eintritt 7 US-$

Whale Watching 🍴 🌿

Südöstlich von Grand Turk hat man die Möglichkeit, von Februar bis April vorbeiziehende Buckelwale aus nächster Nähe zu beobachten. Man bucht die zweistündige Whale Watching Tour im Grand Turk Cruises Center oder bei

Turks & Caicos Whale Watching • Tel. 6 49/9 46-69 09 • www.turksandcaicoswhalewatching.com • 125 US-$ pro Person

MUSEUM

Turks & Caicos National Museum

Das 200 Jahre alte steinerne Guinep House dokumentiert die Geschichte der Inseln ab der Zeit der Ureinwohner (Lucayas). Zu besichtigen sind auch Exponate der frühen karibischen Siedler sowie der schwarzen Sklaven und der Kolonialherren. Eine Ausstellung ist dem ersten europäischen Schiffswrack »Molasses« aus dem Jahr 1515 gewidmet.

Guinep House, Front Street • www.tcmuseum.org • geöffnet während der Liegezeiten der Kreuzfahrtschiffe • Eintritt 7 US-$

SPAZIERGANG

Ein Spaziergang in der Inselhauptstadt Cockburn Town führt in der am Strand gelegenen **Duke Street** und der nördlich anschließenden **Front Street** vorbei an zahlreichen Häusern des 18. und 19. Jh. im Bermuda-Stil, darunter dem Gouverneurssitz. Zwischen ihnen sieht man Souvenirläden, Bars, Cafés, Restaurants und davor den weißen Strand.

Dauer: 1 Stunde

ESSEN UND TRINKEN

Guanahani

Muscheln am Meer • Französische und italienische Küche, karibisch inspiriert, wird auf der offenen Terrasse am Meer serviert.

Bohio Resort, Front Street • Tel. 6 49/9 46-21 35 • www.bohioresort.com • tgl. 8–22 Uhr • €€

2 km nördl. von Cockburn Town

Secret Garden

Lokale Spezialitäten • Im Garten des »Salt Raker Inn« serviert man »Conch«- und Fischspezialitäten sowie »Lobster« in diversen Zubereitungsarten. Das historische Gästehaus am Meer mit seinen hölzernen Veranden stammt aus dem 19. Jh.
Salt Raker Inn, Duke Street • Tel. 6 49/9 46-22 60 • www.hotel saltraker.com • tgl. 8–22 Uhr • €€

Water's Edge

Am Rand des Wassers • In bester Lage am Meer regiert die Küche der Bahamas: »Conch«-Curries, »Jamaica Jerk Chicken« und Fischgerichte.
Duke Street • Tel. 6 49/9 46-16 80 • €€

Captain Zheng

Exzellent und preiswert • Vorwiegend chinesische und karibische Gerichte werden im Restaurantgarten des Gästehauses serviert.
Close Haul Road, am Südrand von Cockburn Town • Tel. 6 49/2 42-26 36 • So, Mo geschl. • €

AM ABEND

Im Zentrum des Nachtlebens von Cockburn Town gibt es Livemusik am Strand, meist Rock und Pop.
Osprey Beach Hotel, Duke Street • Tel. 6 49/9 46-26 66 • www.osprey beachhotel.com • Mi, Fr, So ab 20 Uhr

SERVICE
AUSKUNFT
Tourist Office
Front Street • Tel. 6 49/9 46-23 21

BUS-TOUREN

Während der Liegezeit von Kreuzfahrtschiffen verkehren Minibusse (Guana Hop On, Hop Off) im 30-Min.-Takt zu den Sehenswürdigkeiten und Stränden der Insel; an den Haltestellen kann man beliebig aus- und einsteigen (29 US-$ pro Person).

Ausflüge

◎ Gibbs Cay
▶ S. 141, östl. A 5

Nur 2 km übers Meer, und dort trifft man auf die unbewohnte Strandinsel vor der Südostküste von Grand Turk, ideal für ein Picknick am Strand, Schnorcheln und zum Füttern von Rochen, die hier bis zum Strand kommen. Buchungen bei
Oasis Divers, Duke Street, Cockburn Town • Tel. 6 49/9 46-11 28 • www.oasisdivers.com • 60 US-$
2 km südöstl. von Cockburn Town

◎ Grand Turk Cruises Center
▶ S. 141, B 6

Südlich der Hauptstadt liegt gegenüber dem Kreuzfahrtpier am Strand ein touristischer Komplex für Kreuzfahrtpassagiere mit vielfältigen Einkaufs- und Vergnügungsmöglichkeiten. Das zweistöckige große »Margaritaville Café« des US-amerikanischen Popstars Jimmy Buffett bietet jede Menge Unterhaltung (www.margaritaville caribbean.com).

Im Center lassen sich auch Autos, Motorroller, Fahrräder oder ein Wassertaxi zur Hauptstadt mieten.

Tauchen und schnorcheln kann man auf Grand Turk direkt vom Strand aus. Das Cruises Center bietet Tauchexkursionen zu nahe gelegenen Plätzen zum Preis von 150 US-$ (3–4 Std.) und Schnorcheltouren zu 50 US-$ an.
www.grandturkcc.com • geöffnet für Kreuzfahrtschiffe
5 km südl. von Cockburn Town

Große Antillen
Tropische Vegetation, Traumstrände, ein reiches koloniales Erbe und Menschen voller Lebensfreude. Der internationale Tourismus floriert auf Jamaika, in der Dominikanischen Republik und auf Kuba.

◀ Reges Treiben prägt die Straßen von Viejo San Juan (▶ S. 66), das seit 1983 zum UNESCO-Weltkulturerbe gehört.

Südöstlich von Florida liegen die Inseln **Kuba**, **Jamaika**, **Hispaniola** und **Puerto Rico**, die die Gruppe der Großen Antillen bilden. Mit Ausnahme des zum englischen Sprachraum gehörigen Jamaika sind die Inseln spanisch geprägt. Viele Jahrhunderte lang beeinflussten Kolonialherren ihre Geschichte. Nachdem sich die Hoffnungen der ersten Siedler auf Gold- und Silbervorkommen nicht erfüllten, trug Zuckerrohranbau zum Reichtum bei. Auf Plantagen gediehen zudem Kaffee- und Tabakpflanzen sowie Gewürze, die nach Europa verschifft wurden.

Heute boomt der Tourismus, denn die natürlichen Voraussetzungen könnten kaum besser sein: Sonne das ganze Jahr über, Bilderbuchstrände und dichte Palmenhaine an den Küsten, dazu ein landschaftlich abwechslungsreiches Hinterland mit hohen Bergen und Vulkanen, Wasserfällen und Regenwäldern. Zwischen den bis zu 3000 m hohen Bergen liegen Täler, die mit dichtem Regenwald bedeckt sind und in denen eine artenreiche Tier- und Pflanzenwelt anzutreffen ist. Kuba, Puerto Rico und die Dominikanische Republik besitzen zudem Hauptstädte, deren Zentren einzigartige Schatzkammern altspanischer Paläste und Häuser, Straßen und Gassen, Kirchen, Klöster und Plazas sind. So zählt beispielsweise die Altstadt von **Havanna** 3 wie auch die von **Santo Domingo** 1 zum UNESCO-Welterbe, und auch die Altstadt von **San Juan** ist ein großes Freilichtmuseum, in dem sich die restaurierten spanischen Bauwerke aneinanderreihen. Die kulturellen Unterschiede zwischen den Inseln sind heute recht groß: Das zu den USA gehörige **Puerto Rico** schätzt den »American way of life«, Hochhäuser und Fast-Food-Outlets prägen die Hauptstadt. Das sozialistische **Kuba** setzt seit der Amtsübernahme durch Fidel Castros Bruder Raúl auf eine gewisse Öffnung dem Westen gegenüber. Die **Dominikanische Republik**, beliebtestes Urlaubsziel der Karibik, sucht die Entwicklung vom Schwellenland zum modernen Industriestaat zu beschleunigen, und auf **Jamaika** trotzt die zum großen Teil arme Bevölkerung den wirtschaftlichen Problemen mit starken Familienbanden, Musik und Lebenslust.

DOMINIKANISCHE REPUBLIK

▶ **Klappe vorne**, d/e 3

Die Insel Hispaniola, so notierte Kolumbus in seinem Bordbuch, sei ein wahres Naturwunder. Tatsächlich ist die Dominikanische Republik (der östliche Teil der Insel Hispaniola) noch heute für Besucher der Inbegriff einer karibischen Trauminsel und das beliebteste und meistbesuchte Urlaubsziel der Karibik. Die (nach Kuba) zweitgrößte Insel der Karibik besitzt mit den Cordillera Central herrliche Gebirgslandschaften, ein erfrischendes Hochlandklima, beeindruckende Wasserfälle und unberührte Wälder. Der 3175 m hohe Pico Duarte ist der höchste Berg der Karibik und überragt ein 1300 qkm großes Naturschutzgebiet.

Santo Domingo

▶ Klappe vorne, d 3

3 Mio. Einwohner
Stadtplan ▶ S. 43

Die Hauptstadt der Dominikanischen Republik liegt an der Mündung des Río Ozama an der Südostküste der Insel, eine gewaltige Metropole mit allen Problemen einer schnell wachsenden Stadt, mehreren Armenvierteln mit heruntergekommenen Häuserreihen, aber auch einer grandiosen kolonialen Altstadt. Diese **Ciudad Colonial (Zona Colonial)** 🟧 wurde 1990 von der UNESCO in die Liste des Welterbes aufgenommen. Die Stadt wurde von Bartolomeo Colón, dem Bruder von Christoph Kolumbus, am Ende des 15. Jh. am Westufer des Río Ozama gegründet und war Sitz der spanischen Vizekönige. Von hier aus erfolgte die Erkundung der umliegenden Inseln und der Ostküste Mexikos. Schon 1538 wurde in Santo Domingo die erste Universität der Neuen Welt gegründet. Im 16. und 17. Jh. war die Stadt Ziel von Seeräubern und wurde 1586 von Sir Francis Drake geplündert. 1844 wurde die Insel unabhängig von Spanien und zur Dominikanischen Republik. 1930 kam der Diktator Rafael Trujillo durch einen Putsch an die Macht; im Mai 1961 wurde er ermordet. Wie auch in anderen Staaten der Karibik und Zentralamerikas griffen die USA gewaltsam in das politische Geschehen ein: Von 1916 bis 1924 stand die Insel unter US-Kontrolle, und 1965 griff das US-Militär wegen der Gefahr eines Bürgerkrieges erneut ein.

Santo Domingo besitzt zwei Cruiseship Terminals. Der Hafen **Don Diego** liegt im Río Ozama nahe der Zona Colonial. Vom **Sans Souci Dock** am Ostufer des Río Ozama ist es hingegen eine Taxifahrt auf die andere Seite des Flusses. In beiden Terminals gibt es einen Schalter, der auch beim Taxitransport hilft.

SEHENSWERTES

Acuario Nacional 🍴
▶ S. 43, östl. c 2

Richtung Flughafen liegt direkt am Meer das 1990 erbaute nationale Aquarium. Es beherbergt über 250 verschiedene Arten, darunter auch Haie und Meeresschildkröten. Attraktion ist ein Tunnel aus Plexiglas (»túnel marino«), der durch das Aquarium führt.
Avenida de España 75, La Isabelita, Sans Souci • Di–So 9.30–17.30 Uhr • Eintritt 150 DOP

Las Atarazanas
▶ S. 43, c 3

Die ehemaligen Lagerräume für Schiffsausrüstung aus dem 16. Jh. wurden restauriert und umgewandelt in Schmuckgeschäfte, Souvenirläden, Restaurants, Cafés, Bars, Kunstgalerien, ein Hotel und ein kleines Schiffsmuseum mit Funden aus Schiffswracks. Ein Bummel führt durch die verschiedenen Patios.
Calle Atarazana (zwischen Calle Restauración und Calle Celestino Duarte), Zona Colonial

Casa del Cordón
▶ S. 43, c 3

Das »Haus des Seils« ist das erste von Europäern erbaute Steinhaus in der Neuen Welt (1503) und wurde auch von Diego Colón bewohnt. Über dem Eingang sieht man die Steinfigur eines Franziskanermönches, dessen Kutte von einer Kordel zusammengehalten wird.
Calle Isabel la Católica, Zona Colonial

Santo Domingo

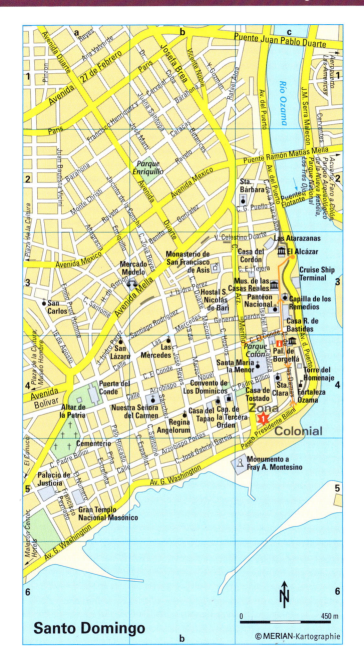

Catedral Santa María la Menor
▶ S. 43, c 4

Die im Jahr 1540 erbaute gotische Kathedrale wurde mit einer Korallenstein-Fassade versehen und besitzt 14 Kapellen in den beiden Seitenschiffen. Die Kirche wird als die erste Amerikas angesehen und trägt daher auch den Beinamen »Catedral Prímada de América«.
Calle Arzobispo Meriño, Parque Colón (Südseite), Zona Colonial • Mo–Sa 9–16 Uhr • Eintritt frei

Faro a Colón
▶ S. 43, östl. c 2

Im Osten der Stadt liegt der »Leuchtturm von Christoph Kolumbus« (Cristóbal Colón), ein 240 m langes, 34 m breites und 46 m hohes Denkmal in Kreuzform, das ein Kulturzentrum und Museen beherbergt. Das Gebäude aus weißem Marmor wurde 1992 zum 500. Jahrestag der Entdeckung Amerikas errichtet. Zwischen 20 und 22 Uhr wird hier von mehr als 150 Scheinwerfern ein gewaltiges Kreuz aus Laserstrahlen am Himmel gezeigt.
Avenida del Faro (Av. Estados Unidos), Villa Duarte, beim Parque Mirador del Este • Di–So 9–17 Uhr • Eintritt 65 DOP

Fortaleza Ozama
▶ S. 43, c 4

Das älteste Fort der Neuen Welt wurde 1502 bis 1508 von Nicolás de Ovando, Gouverneur von Hispaniola, am Ufer des Río Ozama erbaut, um Piraten abzuwehren. Neben dem Fort steht der aus Korallenstein errichtete Torre del Homenaje von 1507, der Ehrenturm, mit dem die Taten der Konquistadoren gewürdigt wurden und in dem Kolumbus' Sohn Diego Colón zwei Jahre lebte, bevor er in den Alcázar de Colón umzog. Die Wände des Turms sind 1,5 m dick.

Im Parque Colón (▶ S. 45) in Santo Domingo wurde Christoph Kolumbus ein Denkmal gesetzt. An der Südseite des Parks erhebt sich die Catedral Santa María la Menor.

Calle Las Damas, Zona Colonial •
Di–So 9–17 Uhr • Eintritt 50 DOP

Panteón Nacional ▸ S. 43, c 3

In dem ehemaligen barocken Jesuitenkloster aus dem 18. Jh. richtete der Diktator Trujillo 1955 eine Grabstätte für die Helden des Landes ein; vor dem Gebäude steht eine Ehrenwache.
Calle Las Damas, Zona Colonial • tgl. 9–16.30 Uhr • Eintritt frei

Parque Colón ▸ S. 43, c 4

Der Park zu Ehren von Christoph Kolumbus wird überragt von einer großen, 1887 errichteten Statue des Seefahrers und Entdeckers der Neuen Welt. An seiner Südseite steht die Catedral Santa María la Menor, im Westen das Rathaus, die Casa Consistorial. Die Ostseite an der Calle Isabel la Católica nimmt der Palacio de Borgellá aus dem Jahre 1825 ein: ein zweistöckiges Bauwerk mit doppelten Arkaden. Es stammt aus der haitianischen Besatzungszeit im 19. Jh. und war später Sitz des dominikanischen Nationalkongresses; heute dient es als Verwaltungsgebäude.
Calle El Conde (östl. Ende), Ecke Arzobispo Meriño, Zona Colonial

MUSEEN

Alcázar de Colón ▸ S. 43, c 3

Der 1510 bis 1514 aus Korallenkalkstein erbaute zweistöckige Verwaltungssitz von Don Diego de Colón, Sohn von Kolumbus und spanischer Vizekönig, beherbergt hinter seinen meterdicken Mauern und doppelten Arkaden rund 20 Räume, angefüllt mit allerlei Exponaten zur Inselgeschichte. Über 60 Jahre residierte hier die Kolonialregierung.
Plaza de la Hispanidad, Calle Las Damas, Zona Colonial • Di–Sa 9–17, So 9–16 Uhr • Eintritt 50 DOP

Casa Rodrigo de Bastidas ♛♛
▸ S. 43, c 3/4

Das wundervolle einstöckige Kolonialhaus aus dem 16. Jh. beherbergt heute ein Museum für Kinder (Museo Infantil Trampolin). Ein Kunstwerk ist auch sein großer rechteckiger Patio mit einem schönen Garten und uraltem Baumbestand.
Calle Las Damas, Ecke Calle El Conde, Zona Colonial • www.trampolin.org.do • Di–Fr 9–17, Sa, So 10–18 Uhr • Eintritt 100 DOP

Museo de las Casas Reales
▸ S. 43, c 3

Ein Muss jeder Stadtbesichtigung ist dieser prächtige, von außen schlicht anzusehende Stadtpalast, die um 1500 erbaute Residenz des Gouverneurs. Im Inneren werden Ihnen in zahlreichen Sälen und auf zwei Etagen 300 Jahre spanischer Kolonialgeschichte vor Augen geführt, Exponate vom frühen 16. Jh. bis zur Unabhängigkeit (1844).
Calle Las Damas/Calle Las Mercedes, Zona Colonial • Di–So 9–17 Uhr • Eintritt 30 DOP

Museo del Hombre Dominicano
▸ S. 43, westl. a 3/4

Das große völkerkundliche Museum präsentiert auf vier Etagen Exponate aus der karibischen Frühgeschichte sowie Trachten, Masken und Artefakte seit der Ankunft der Spanier; mit Shop und Café.
Plaza de la Cultura, Avenida Pedro Henríque Ureña • www.museodelhombredominicano.org.do • Di–So 10–17 Uhr • Eintritt 50 DOP

SPAZIERGANG

Stadtplan ▶ S. 43

Die **koloniale Altstadt** ★ 1 von Santo Domingo unterscheidet sich deutlich vom Rest der chaotischen Millionenstadt, die unter Verkehrsproblemen und Luftverschmutzung leidet. Am westlichen Ufer des Río Ozama gelegen, warten koloniale Kirchen, Plazas, pittoreske Parks und Paläste, alle aufwendig restauriert, darauf, entdeckt zu werden. Auch am lebhaften **Malecón**, wo die Altstadt endet und die Meerespromenade beginnt, finden Sie zahlreiche Freiluft-Cafés, Restaurants und Boutiquen.

Starten Sie Ihren Rundgang am **Parque Colón**, der ein großes Kolumbus-Denkmal aufweist. Von der Nordseite des Platzes führt die **Calle El Conde**, eine beliebte Einkaufsstraße mit restaurierten Häusern des 19. Jh., Richtung Río Ozama zur **Calle Las Damas**. Die Straße wird gesäumt von prächtigen Kolonialhäusern. In südlicher Richtung liegen die **Casa Bastidas**, das **Fortaleza Ozama** und der **Torre del Homenage**. Nördlich passiert man das **Hostal Nicolás de Ovando** und die **Casas Reales**, bis man an der Plaza de la Hispanidad auf den **Alcázar de Colón** stößt.

Dauer: 1 Stunde

ESSEN UND TRINKEN

Fonda de la Atarazana ▶ S. 43, c 3

Edles Ambiente • Das elegante Restaurant ist im Kolonialstil eingerichtet und dekoriert; kredenzt wird dominikanische Küche, Spezialität sind Fischgerichte.

La Atarazana 5, beim Alcázar de Colón, Zona Colonial • Tel. 8 09/6 89-29 00 • tgl. ab 12 Uhr • €€€

Caffé Bellini ▶ S. 43, c 4

Schickes Design • Italienische Küche im romantischen Innenhof: Am besten fährt man mit dem »Menu del Día« (Tagesmenü).

Plazoleta Padre Billini, Arzobispo Meriño 155, Zona Colonial • Tel. 8 09/6 86-33 87 • So geschl. • €€€

El Mesón de la Cava
▶ S. 43, westl. a 6

Seit 1967 die Top-Adresse • Carpaccio del Día (frisches Fisch-Carpaccio) und danach etwas vom Grill. Hier genießt man in der edel gestylten Kalksteinhöhle oder auf der tropischen Terrasse. Am östlichen Rand des Parque Mirador Sur.

Av. Mirador Sur 1 • Tel. 8 09/5 33-28 18 • www.elmesondelacava.com • tgl. 12–15, 18–23 Uhr • €€€

Comedor Mimosa ▶ S. 43, c 4

Hier isst der Dominikaner • Kleines Restaurant mit dominikanischer Küche, z. B. »Bandera Dominicana« (dominikanische Flagge) aus Reis, Bohnen und Fleisch oder Fisch.

Calle Arzobispo Nouel 53, zwischen Calle Duarte Macoris und Calle Hostos, Zona Colonial • abends geschl. • €

EINKAUFEN

Die Calle El Conde ist die bedeutendste Einkaufsstraße (Fußgängerzone) in der Zona Colonial. Nach Kuba ist die Dominikanische Republik bekannt für ihre handgefertigten Zigarren, und wie in Kuba kauft man sie lieber nicht auf der Straße, sondern in Zigarrengeschäften.

AM ABEND

Bar Cacibajagua ▶ S. 43, b 4

In der Rock'n'Roll-Bar (in der Taino-Sprache bedeutet der Name

Santo Domingo

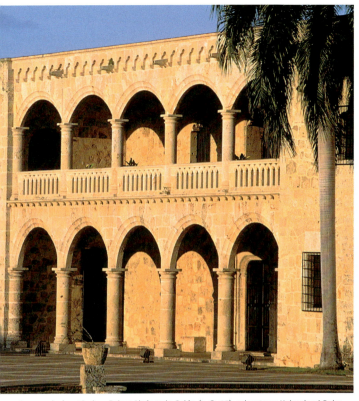

Im maurisch-gotischen Palast Alcázar de Colón (▶ S. 45), erbaut von Kolumbus' Sohn Don Diego de Colón, ist heute das Vizekönigliche Museum untergebracht.

»Höhle, aus der das Leben stammt«), auch La Cueva genannt, schätzt man Rock-Klassiker; auch Livemusik.
Calle Sanchez 201 (zwischen Calle El Conde und Calle Arzobispo Nouel), Zona Colonial • Tel. 8 09/7 16-73 00 • tgl. außer So, Mo

Casa de Teatro ▶ S. 43, c 3
Kulturzentrum mit Livemusik, Jazz, Tanzdarbietungen, Lesungen und vielem mehr.
Arzobispo Meriño 110, Zona Colonial • Tel. 8 09/6 89-34 30

SERVICE
AUSKUNFT
Oficina de Turismo
▶ S. 43, westl. a 6
Av. Cayetano Germosén/Ecke Gral. Gregorio Luperón, Mirador Sur • Tel. 8 09/2 21-46 60 • www.turismo santodomingo.com

PFERDEKUTSCHE
Eine Fahrt durch die koloniale Altstadt kostet rund 30 US-$ pro Stunde. Man findet die Kutschen vor dem Hostal Nicolás de Ovando.

Ausflüge

◎ Parque Nacional Los Tres Ojos ▸ S. 43, östl. c 2

Am östlichen Stadtrand findet man ein faszinierendes Höhlensystem aus Korallenkalk vor, teilweise eingestürzt, mit unterirdischen Wasserläufen und vier unterirdischen Seen. Eine lange Treppe führt hinab zu den Höhlen.
Avenida Las Americas, beim Parque Mirador del Este • tgl. 8.30–17.30 Uhr • Eintritt 50 DOP

◎ Puerto Plata
▸ Klappe vorne, d 3

140 000 Einwohner

Die an der Nordwestküste, der sogenannten Bernsteinküste (Costa de Ambar), gelegene Stadt ist ein Zentrum des Tourismus und ebenfalls Hafen für Kreuzfahrtschiffe, die im Handelshafen anlegen; von dort lässt sich die Innenstadt gut zu Fuß erreichen. Entlang der hufeisenförmigen Bucht und in der östlichen Umgebung reihen sich zahlreiche schöne Strandabschnitte aneinander, dort befinden sich auch die meisten Hotelanlagen, Clubs, Spielcasinos und Golfplätze.

Puerto Platas Hausberg ist der **Pico de Isabel de Torres** (798 m), dessen tropische Bergwelt unter Naturschutz steht. Eine Seilbahn führt zum Gipfel mit der 16 m hohen Christusstatue (Kopie der Statue von Rio de Janeiro). Auch ein Spaziergang zum Gipfel ist empfehlenswert. Die Stadt selbst lädt ein zu einem angenehmen Bummel entlang der Uferstraße und durch die Altstadt, die zahlreiche koloniale Häuser besitzt. Auch das 1540 am Hafen erbaute Fort (Fortaleza San Felipe) lohnt einen Abstecher.

La Romana ▸ Klappe vorne, e 3

160 000 Einwohner

Der Kreuzfahrthafen La Romana liegt an der Südküste der Dominikanischen Republik, 120 km östlich von Santo Domingo. Aus dem einstigen Standort einer Zuckerraffinerie am Ufer des Río Chavón entwickelte sich eine lebhafte Stadt, heute weltbekannt als Sitz der exklusiven Ferienanlage Casa de Campo (ca. 10 km östlich). Der renommierte Designer Oscar de la Renta, der auf dem Gelände der ehemaligen Plantage eine Villa besitzt, entwarf das Interieur zahlreicher Apartments und Ferienhäuser. Neben einem Hotel gibt es Polo- und Golfplätze sowie einen privaten Flugplatz, dazu einige der besten Restaurants der Dominikanischen Republik. Las Minitas, der Strand von Casa de Campo, ist frei zugänglich.

JAMAIKA
▸ Klappe vorne, b/c 3

Welch ein Urlaubsziel! Die 235 km lange und bis zu 82 km breite Insel bietet weiße Bilderbuchstrände und ein von den Bergen der Blue Mountains durchzogenes Inneres, in dem Dutzende von Quellen entspringen und sich als Flüsse ins Meer ergießen, dazu schäumende Wasserfälle wie die **Dunn's River Falls** 2 und dunkel schimmernde Seen. Jamaika ist ein artenreiches Tropenparadies; mehr als 700 Pflanzen sind endemisch, d. h. kommen nur auf der Insel vor.

Die Urbevölkerung Jamaikas, die Kolumbus 1494 antraf, waren aus Südamerika stammende Arawak, die die Insel Xaymaca nannten. Bereits

1510 trafen die ersten spanischen Kolonialisten ein. Der Zuckerrohranbau florierte, und Jamaika avancierte zu einer Drehscheibe des Sklavenhandels. Seit 1952 ist Jamaika (2,8 Mio. Einwohner) unabhängig und Mitglied im Britischen Commonwealth. Nach wie vor unterhalten Mitglieder der britischen Upper Class auf Jamaika ihre Ferienvillen, gut bewacht von Sicherheitsleuten und versteckt hinter hohen Mauern.

Auf Jamaika lebt die Kultur der Rastafari, deren berühmtester Anhänger der Reggae-Musiker **Bob Marley** war. Innerhalb der Rastabewegung gilt »ganja« (Marihuana) als heilige Pflanze. Zwar sind Anbau und Konsum der Droge auch in Jamaika strafbar, dennoch blüht auf der Insel der Handel. Leider werden – im Vergleich zu anderen Inseln – Besucher auf Jamaika häufiger belästigt, wenn sie außerhalb ihrer Hotelanlagen unterwegs sind. Um unerfreuliche Situationen zu vermeiden, ist es deshalb besser, sich in einer Gruppe zu bewegen. Ein freundliches und gleichzeitig selbstbewusstes Auftreten ist anzuraten, wenn Sie beispielsweise wiederholt in schärferem Ton zum Kauf von »ganja« animiert werden.

In Jamaika gibt es viel zu entdecken: Verstreut liegen einstige Kaffeeplantagen und Rumdestillerien sowie kleine, lebhafte Städtchen, versteckt im Dschungel. Zentren des (Kreuzfahrt-)Tourismus sind Montego Bay und Ocho Ríos.

Montego Bay

▶ Klappe vorne, b 3

96 000 Einwohner

Poloturniere, Reggae-Musik am Strand, Mountainbike-Touren und Parasailing: Die Besucher genießen

Wie wäre es statt eines Desserts mit einer Rutschpartie ins köstliche Nass? Im Restaurant Margaritaville (▶ S. 51) in Montego Bay ist das problemlos möglich.

ein breites Freizeitprogramm. Entlang der sanft geschwungenen Montego Bay, von Einheimischen »MoBay« genannt, liegen zahlreiche Hotels an fantastischen Sandstränden und umgeben von tropischen Gärten, denn die zweitgrößte Stadt Jamaikas, an der westlichen Nordküste gelegen, ist das größte touristische Zentrum der Insel.

Neben reichen Wohnvierteln der oberen Schicht und historischen Plantagenhäusern besitzt die Stadt auch Slums (u. a. Canterbury), in denen vom Land hierher gezogene Menschen in Einfachbehausungen leben.

Kreuzfahrtschiffe legen am **Montego Freeport Terminal** an, 5 km südwestlich des Stadtzentrums an einer Halbinsel; hier können vier Schiffe gleichzeitig andocken. Am Terminal findet man Taxis für die Fahrt ins Zentrum (7–10 US-$).

> ### WUSSTEN SIE, DASS …
>
> … Jamaika die grünste Insel der Karibik ist? 3000 Pflanzenarten, davon 800 endemisch, und tropischer Regenwald werden von 120 Flüssen bewässert.

SEHENSWERTES
Slave Ring
Makabre Erinnerung an dunkle Perioden der jamaikanischen Geschichte: Das einem Amphitheater ähnliche Bauwerk diente der Präsentierung neu eingetroffener Sklaven, die hier von ihren zukünftigen Besitzern taxiert und – nach Verhandlungen – gekauft wurden. Nach der Abschaffung der Sklaverei wurde das Bauwerk in eine Arena für Hahnenkämpfe umgewandelt und verfiel zusehends.
Union Street, Ecke East Street

St. James Parish Church
Die anglikanische Kirche wurde 1782 fertiggestellt und nach einem Erdbeben im Jahr 1957 wieder aufgebaut. Sie hat die Form eines griechischen Kreuzes mit einem Glockenturm an der Westseite.
Church Street, Ecke Payne Street

MUSEUM
National Museum West
Das regionale Museum des Gemeindebezirks erläutert die Geschichte Jamaikas und der Stadt und widmet sich besonders der Zeit der Sklavenaufstände.
Montego Bay Cultural Centre, Sam Sharpe Square • Di–So 10–18 Uhr • Eintritt 3 US-$

SPAZIERGANG
Ein Spaziergang im Zentrum kann am **Sam Sharpe Square** beginnen, dem Hauptplatz und einer Mischung aus modernen und kolonialzeitlichen Gebäuden. An seiner Südseite erblickt man das nach einem Brand wieder aufgebaute georgianische **Court House** (Gerichtsgebäude) aus dem Jahre 1810, in welchem dem Anführer des Sklavenaufstandes Samuel Sharpe 1832 der Prozess gemacht wurde; Sharpe wurde auf dem Platz gehenkt. Das Gebäude heißt heute Montego Bay Cultural Centre und enthält u. a. ein Museum.

Gegenüber im Norden trifft man auf **The Cage** (1806), ein kleines Gefängnis aus Ziegel- und Feldsteinen mit einem Türmchen, das dem Arrest unbotmäßiger Sklaven diente.

Vor dem Gebäude steht eine Gruppe von fünf Bronzestatuen, die darstellen, wie der Baptistenprediger Samuel Sharpe vor Anhängern auf die Bibel verweist. An der südlich gelegenen Church Street erhebt sich die **St. James Parish Church**. Ihr gegenüber befindet sich in der Church Street das 1776 erbaute **Town House** eines englischen Landherrn. Das dreistöckige georgianische Gebäude besteht aus roten Ziegelsteinen, die wie fast alle Ziegel als Ballast der Schiffe aus England kamen.

Läuft man die Church Street weiter in östlicher Richtung, gelangt man zur Dome Street. Rechts geht es dort an ihr südliches Ende, wo man an der Ecke mit der Creek Street den **Creek Dome** findet, ein kleines, sechseckiges burgähnliches Bauwerk aus dem Jahr 1837, das im 19. Jh. die Quelle des »Creek« (Bach) schützte und damit die Wasserversorgung der Stadt sicherte.

Dauer: 1 Stunde

ESSEN UND TRINKEN

MVP Smokehouse

Spicy, sweet & hot • Westlich von Montego Bay liegt an der Straße nach Negril »der« Ort, um typisches jamaikanisches Essen zu genießen. Im offenen, typisch karibischen Terrassenrestaurant genießt man »Smoked Fish Mousse« und danach »Jerked Chicken«, mariniertes Huhn vom Grill.

Bogue Road, Reading • Tel. 876/622-71 98 • www.mvpsmokehouse.com • Di–So 11–21 Uhr • €€–€€€

Groovy Grouper

Exzellente Strandlage • Strandbar und Grill am Hip Strip von Montego Bay, Spezialität sind Fischgerichte (ganze Fische, vom Grill) und »Conch«-Salate.

Doctor's Cave Beach, Gloucester Avenue (1 km nordwestl. des Zentrums) • Tel. 876/952-8287 • tgl. 9.30–23 Uhr • €€

The Pork Pit

Am Picknicktisch • Selbstbedienung sowie Tische und Bänke im Freien auf der Terrasse mit Meerblick und mit »Jerked«-Gerichten (Huhn, Schweinefleisch). Wem es zu scharf gewürzt ist, für den gibt es Fisch mit Ofenkartoffel.

27 Gloucester Avenue, gegenüber Aqua Sol • Tel. 8 76/9 52-36 63 • tgl. 11–23 Uhr • €

EINKAUFEN

Beim Besuch eines Craft Market wird man in Jamaika häufig von Verkäufern und Schleppern angesprochen, die zum Teil aggressiv agieren. Über den Preis muss stets gehandelt werden.

Craft Market

Naive, farbenfrohe Gemälde, Schnitzereien aus Plantagenholz, Korbwaren, Muschelketten: Das gesamte Angebot des jamaikanischen Kunsthandwerks wird in kleinen bunten Shops und Bretterbuden angeboten.

Harbour Street

Old Fort Craft Park

Neben den Ruinen des alten Forts bieten 180 Stände eine breite Palette karibischen Kunsthandwerks.

Fort Street, Howard Cooke Boulevard

AM ABEND

Margaritaville

Karaoke, Livemusik (Latin, Reggae) und eine Open-Air-Bar im Erdge-

schoss. Stammgäste haben stets Badebekleidung dabei, denn Attraktion ist eine 30 m lange Rutsche vom Dach direkt ins Meer.
Hip Strip, Gloucester Avenue • Tel. 8 76/9 52-47 77 • www.margaritavillecaribbean.com

Pier One
Der hölzerne Schiffsanleger beherbergt ein Spezialitätenrestaurant für Fischgerichte. Ab 22 Uhr verwandelt er sich in einen Nachtclub mit Tanz und Liveauftritten einheimischer Musiker. Höhepunkte der Woche sind Freitag und Mittwoch.
Pier 1, Howard Cooke Boulevard, südwestl. des Zentrums • Tel. 8 76/9 52-24 52 • www.pieronejamaica.com

> **MERIAN-Tipp** 2
>
> **MARLEY LIVES – BOB MARLEYS BIRTHPLACE & MAUSOLEUM**
> ▶ Klappe vorne, b 3
> In der Karibik und besonders in Jamaika lebt die Erinnerung an den jung verstorbenen Bob Marley. In dem kleinen zweistöckigen Geburtshaus ist man der Reggae-Legende besonders nah. Rastafaris führen nur zu gern die Besucher umher, erzählen Anekdoten aus dem Leben des Idols und führen zur bescheidenen Kapelle, in der der Musiker (1945–1981) nach einem Staatsbegräbnis beigesetzt wurde.
> Nine Mile, St. Ann, zwischen Claremont und Alexandria in Zentral-Jamaika • tgl. 9–18 Uhr • Eintritt 25 US-$
> 57 km südwestl. von Ocho Ríos

SERVICE
AUSKUNFT
Tourist Office
Hip Strip (östl. Doctor's Cave Beach), 18 Queen's Drive • www.montego-bay-jamaica.com • Tel. 8 76/9 52-44 25

Ausflüge

◉ Bob Marley Experience
Stündlich wird ein Film über die Reggae-Legende Bob Marley gezeigt; davor oder danach lässt sich käuflich erwerben, was das Herz seiner Fans erfreut: Bob Marley-CDs, DVDs und Bücher oder T-Shirts mit dem Konterfei des Sängers.
Half Moon Shopping Village • tgl. 10–18 Uhr • Eintritt frei
10 km östl. von Montego Bay

◉ Rose Hall Great House
Das 1770 errichtete, imposante Herren- und Plantagenhaus auf einem Hügel wurde in den 1960er-Jahren von den gegenwärtigen US-Besitzern perfekt restauriert, mit Mahagoni-Treppenhäusern, Seidentapeten und antikem Mobiliar.
Rose Hall Highway, Falmouth Road • www.rosehall.com • tgl. 9–17 Uhr • Eintritt 20 US-$
15 km östl. von Montego Bay

Ocho Ríos ▶ Klappe vorne, b 3
17 000 Einwohner
Luxushotels ziehen sich entlang der Strände von Ocho Ríos. Bereits um 1950 begann der Aufstieg des Städtchens zur beliebtesten Touristendestination Jamaikas. Ocho Ríos (»Acht Flüsse«) liegt 110 km östlich von Montego Bay an der Nordküste. Besonders die Wasserkaskaden der **Dunn's River Falls** ziehen die Kreuzfahrtpassagiere, auch aus Mon-

In Stein verewigt: Dem früh verstorbenen Rasta-Man und Reggae-Idol Bob Marley wurde im Bob Marley Museum (▶ S. 54) in Kingston ein Denkmal gesetzt.

tego Bay, sowie die Bewohner ganz Jamaikas an. Die meisten Kreuzfahrtschiffe legen am **Ocho Ríos Cruise Terminal** (in der Nähe der Dunn's River Falls) an. Sehr große Schiffe müssen im nahe gelegenen Handelshafen festmachen, bei Hochbetrieb wird zusätzlich getendert.

In der Nähe des Piers liegen einige **Craft Markets**, die zu Fuß zu erreichen sind. Neben dem Pier findet man das **Island Village** im Stil eines jamaikanischen Dorfes mit Shopping und Unterhaltung. Will man in die Stadt, empfiehlt es sich, ein Taxi des JTB (Jamaica Tourist Board) vom Pier aus zu nehmen.

MUSEUM
Reggae Xplosion

Video-Clips, Musikeinspielungen und Memorabilia, eine interaktive Ausstellung führt Sie in das Aufnahmestudio des legendären Reggae- und Ska-Musikproduzenten Lee »Scratch« Perry. Bilder und persönliche Gegenstände erinnern an die Superstars Bob Marley, Bunny Wailer und Peter Tosh. Das Museum wurde gegründet von Chris Blackwell. Der charismatische Milliardär, ein auf Jamaika aufgewachsener Brite, gründete 1959 die Plattenfirma Island Records, die Bob Marley und viele andere damals noch unbekannte Stars unter Vertrag nahm, und rief Island Outpost (www.islandoutpost.com) ins Leben, eine Kollektion luxuriöser (auch historischer) Hotels auf Jamaika.

Island Village, Turtle Beach Road • Mo–Sa 9–17 Uhr • Eintritt 12 US-$

ESSEN UND TRINKEN
Evita's

Veranda mit Ausblick • An der »Wall of Fame« hängen Fotos ehemaliger Besucher: Rolling-Stones-

Gitarrist Keith Richards ist auch darunter. Geboten werden italienische und jamaikanische Küche (auch »Jerked«-Spaghetti) sowie Fischspezialitäten.
Eden Bower Road, 1 km südl. des Taj Mahal Shopping Center, 10 Min. zu Fuß den Berg hoch • Tel. 8 76/9 74-23 33 • www.evitasjamaica.com • tgl. 18–23 Uhr • €€€

Almond Tree Restaurant

Unter dem Mandelbaum • Kennzeichen des zweistöckigen Patio-Restaurants ist ein gewaltiger Mandelbaum, der durch die Decke des Hauses ragt. Es gibt jamaikanische Küche mit Jakobsmuscheln, Fisch und Hummer sowie »Jerked«-Spezialitäten, darunter auch Spanferkel.
Hibiscus Lodge Hotel, 83 Main Street • Tel. 8 76/9 74-28 13 • tgl. 7–22 Uhr • €€

BiBi Bips

Auf der Klippe • Für einen romantischen Abend: Das Open-Air-Restaurant mit Bar bietet von den Veranden und diversen Plätzen auf der Klippe einen guten Meerblick. Serviert wird karibische Küche mit mehreren Krabben-Spezialitäten. Am Wochenende Reggae live.
93 Main Street • Tel. 8 76/9 74-87 59 • tgl. 11–2 Uhr • €

EINKAUFEN

Island Village

Shoppingkomplex im Stil eines jamaikanischen Dorfes mit zahlreichen Unterhaltungsmöglichkeiten und Restaurants, u. a. auch einem der in der Karibik berühmten und von dem Popmusiker Jimmy Buffett gegründeten Margaritaville; dazu ein Reggae-Museum und ein Platz, auf dem immer wieder Reggae-Konzerte stattfinden.
Turtle Beach Road, neben dem Cruiseship Pier • tgl. 8–24 Uhr

Ocean Village Shopping Plaza

Hier hat man die Wahl unter zahlreichen Kunsthandwerksgeschäften, darüber hinaus geht es hier wesentlich ruhiger zu als auf dem gegenüberliegenden Craft Park mit seinen 150 Ständen und Buden.
Main Street

AM ABEND

Amnesia

In der Tradition des legendären Clubs auf Ibiza ist dieser Nightclub, in dem diverse Musikrichtungen gespielt werden. Ein Open-Air-Patio und zwei Tanzflächen locken ein junges internationales Publikum an.
70 Main Street • Tel. 8 76/9 74-26 33 • Mi–So ab 20 Uhr

SERVICE

AUSKUNFT

Tourist Board

Nach der Schließung des JTB Office im Ocean Village Shopping Centre soll 2015 ein neues Informationsbüro eröffnet werden.
www.visitjamaica.com

Ausflüge

◎ Bob Marley Museum

▶ Klappe vorne, c 3

Das dem Reggae-Musiker und Nationalhelden gewidmete Museum ist Kultstätte für jeden Fan des jung verstorbenen Bob Marley (1945–1981) und zieht viele Besucher an.
Kingston 6, 56 Hope Road • www.bobmarleymuseum.org • Mo–Sa 9.30–16 Uhr • Eintritt 20 US-$
47 km südöstl. von Ocho Ríos

Ocho Ríos – Shaw Park Botanical Gardens & Waterfalls

◉ Coyaba River Gardens & Museum 🌿 ▸ Klappe vorne, b 3

Der schöne Garten am Flussufer mit Naturstein-Patio und Brunnen lädt ein zu einer Wanderung zu einem kleinen Wasserfall. Ein ländliches Museum widmet sich den Ureinwohnern Jamaikas.
Shaw Park Estate, Shaw Park Road • www.coyabagardens.com • tgl. 8–17 Uhr • Eintritt 8 US-$
3 km südl. von Ocho Ríos

◉ Dunn's River Falls & Park 👫 ❷ ▸ Klappe vorne, b 3

Die Wasserfälle waren Schauplatz für Szenen der James-Bond-Filme »James Bond jagt Dr. No« und »Leben und sterben lassen« und sind auf ungezählten Werbeplakaten für die Karibik zu sehen. 200 m tief fallen die Kaskaden des Dunn's River über mehrere Kalksteinterrassen zum Meer hinab, wo sie in einen reizvollen Badestrand münden. Die Wasserfälle können problemlos erklommen werden. Ein erfrischendes Vergnügen, bei dem man immer wieder auf Besucher trifft, die, angeführt von einem lokalen Guide und sich an den Händen haltend, die zum Teil recht glatten Felsen hochklettern. Es gibt auch Schließfächer zu mieten und rutschfeste Schuhe (beides recht teuer!).
www.dunnsriverfallsja.com • tgl. 8.30–16 Uhr, bei Kreuzfahrtschiffen ab 7 Uhr • Eintritt 20 US-$
4 km westl. von Ocho Ríos

◉ Fern Gully 🌿 ▸ Klappe vorne, b 3

Ein 5 km langer Straßenabschnitt der Milford Road östlich der A 3 nach Kingston windet sich entlang eines ausgetrockneten Flussbetts durch eine bewaldete Schlucht und ist von Hunderten unterschiedlicher Farnarten bewachsen. Entlang der Straße haben viele Souvenirverkäufer ihre Stände, neben Früchten werden auch Stickereien und Holzschnitzarbeiten angeboten.
10 km südl. von Ocho Ríos

◉ Port María ▸ Klappe vorne, c 3

Das Haus des englischen Schriftstellers Noël Coward (1899–1973) wird vom Jamaica National Trust als Museum unterhalten. Vom Garten hat man einen Traumblick über die Bucht von Port Maria; hier sitzt Sir Noël als Statue auf einer Bank, in einer Ecke des Gartens befindet sich sein Grab. Auf dem Nachbargrundstück von »Firefly«, wie Coward sein Haus taufte, liegt ein Beobachtungskiosk, der als Café und Pub fungiert.
Firefly, Port María • Mo–Do und Sa 9–17 Uhr • www.firefly-jamaica.com • Eintritt 10 US-$
30 km östl. von Ocho Ríos

◉ Shaw Park Botanical Gardens & Waterfalls 🌿 ▸ Klappe vorne, b 3

Eine grüne tropische Oase, Schauplatz für die bei Besuchern immer beliebter werdenden Hochzeitszeremonien. Riesige, mehrere Jahrhunderte alte Bäume, seltene tropische Pflanzen (auch aus den höher gelegenen Blue Mountains) und ein unbezahlbarer Ausblick bis in die Bucht von Ocho Ríos. Über den durch viele Treppen und Stufen strukturierten Park sprudelt auch ein Wasserfall, der in kleine Seen mündet.
Shaw Park Estate, Shaw Park Road • www.shawparkgardens.com • tgl. 9–17 Uhr • Eintritt 10 US-$
4 km südl. von Ocho Ríos

Wer die Dunn's River Falls (▶ S. 55) auf Jamaika erklimmen möchte, sucht wegen der rutschigen Felsen am besten Halt bei seinem Vorder- und Hintermann.

◎ White River 👫 🌿

▶ Klappe vorne, b 3

Eine individuelle »Kreuzfahrt« ist die 45 Min. lange Reise auf einem Gummireifen über die Kaskaden des White River, »tubing« genannt. Die Tour kostet 45 US-$ pro Person (zu buchen bei Ocho Ríos Tour, www.ochoriostour.com).

12 km südl. von Ocho Ríos

KUBA ▶ Klappe vorne, a 2–c 3

Nur knapp 150 km vor der Küste Floridas liegt Kuba, das den Grundsätzen des Sozialismus treu bleibt. »Ich gestehe, beim Anblick dieser blühenden Gärten und grünen Wälder und am Gesang der Vögel eine so innige Freude empfunden zu haben, dass ich es nicht fertig brachte, mich loszureißen und meinen Weg fortzusetzen«, heißt es im Schiffstagebuch über den 28. Oktober 1492, als Christoph Kolumbus mit drei Schiffen an der Nordostküste landete.

Kuba, die größte Insel der Großen Antillen (mehr als 1200 km lang, zwischen 30 und 150 km breit), bietet koloniale Baudenkmäler in spanischen Stadtkernen. 1959 landete Fidel Castro mit 56 Genossen aus Tuxpan/Mexiko kommend im Westen der Insel, entriss sie ihrem Diktator Fulgencio Batista und wurde neuer Staatschef Kubas.

WUSSTEN SIE, DASS ...

... Kuba nicht nur die größte Insel der Karibik ist, sondern auch 4000 vorgelagerte Inseln und Inselchen (»cayo«, »cayería«) mit einer Gesamtfläche von 3700 qkm besitzt?

Havanna ▶ Klappe vorne, a 2

2,3 Millionen Einwohner
Stadtplan ▶ S. 59

Die kubanische Hauptstadt ist eine der faszinierendsten Hafenstädte der Karibik. Die **Altstadt** 3 und die Festungsanlagen wurden bereits 1982 von der UNESCO zum Welterbe ernannt, und danach begann ein ehrgeiziges Restaurierungsprojekt. Schönster und auch meistbesuchter von Havannas 15 Stadtteilen ist das im Osten liegende Alt-Havanna (La Habana Vieja): eine 5 qkm große Schatzkammer voller Kirchen und Klöster, Festungen und Paläste, im Osten begrenzt durch den Hafen, im Westen durch die Straßen Egido und Monserrate. **Zentral**-Havanna bildet im Westen die Fortsetzung der Altstadt und wird im Norden von der langen Uferstraße Malecón begrenzt, im Westen von der Infanta.

SEHENSWERTES

Acuario Nacional 🐟
▶ S. 59, westl. a 2

Seelöwen, Delfine und Meeresschildkröten sind einige der vielen Arten von Meeresbewohnern dieses Aquariums, in dem unterschiedliche Küstenzonen mit Mangroven und Höhlen nachgebildet sind.
3a Avenida/Ecke Calle 62, Miramar • www.acuarionacional.cu • Di–So 10–18 Uhr • Eintritt 5 CUC

Castillo de la Real Fuerza
▶ S. 59, c 2

Das Schloss der »königlichen Macht« wurde von 1558 bis 1582 aus Kalkgestein mit Burggraben und Zugbrücke erbaut und beherbergt heute ein Schifffahrtsmuseum.
Plaza de Armas, Habana Vieja • Mo–Sa 9–18 Uhr • Eintritt 3 CUC

Kathedrale
▶ S. 59, b 2

Das verwitterte Kalkstein-Portal der Catedral de San Cristóbal mit ihren wuchtigen Säulen und den zwei flankierenden Glockentürmen ist das beherrschende Bauwerk des Platzes. Die gewaltigen Kirchenglocken stammen aus Spanien und der kubanischen Provinz Matanzas. Kunsthistorisches Juwel im Kircheninneren sind der Hochaltar, mit Gold und Silber verziert, sowie die zahlreichen Fresken und Malereien.
Plaza de la Catedral, Habana Vieja • tgl. 8–20 Uhr

El Malecón
▶ S. 59, a 2

Beim Spaziergang entlang der 7 km langen Meerespromenade erhält man Einblick in das Leben in der Hauptstadt, denn hier sind die Kubaner unterwegs. Seit Jahrzehnten restauriert man am Malecón die Häuser der Jahrhundertwende, mit Bögen, Arkaden und Balkonen ausgestattet und mit Dachgarten. Die Straße wurde bereits 1862 vom kubanischen Ingenieur Francisco de Albear geplant, ab 1902 trieben die USA den Bau voran.

Vedado
▶ S. 59, westl. a 2

Im Hotel- und Geschäftsviertel des westlich der Altstadt gelegenen Stadtviertels Vedado ist die geschäftige 23. Straße, meist »La Rampa« genannt (weil leicht ansteigend), noch immer ein beliebter Treffpunkt zum Flanieren. Von hier aus führt der Malecón nach etwa 3 km in östlicher Richtung zur Altstadt und zum Castillo de la Punta. Vom Malecón aus haben Sie einen guten Ausblick auf die Hochhäuser dieses »Habana Moderna«. In Vedado liegen die Universität sowie der

Revolutionsplatz, umstanden vom Verteidigungs- und Innenministerium sowie dem Nationaltheater und der Nationalbibliothek. Herz der Plaza de la Revolución ist ein über 100 m hoher Obelisk aus Marmor sowie eine Statue für José Martí, den Freiheitskämpfer und Nationalhelden Kubas. Hier finden traditionell alle großen Versammlungen des kubanischen Volkes statt, und hier hielt Fidel Castro, der »Máximo Lider« (der »Große Führer«), seine Ansprachen zum 1. Mai.

MUSEEN
Depósito del Automóvil
▶ S. 59, c 3

Über 50 historische Fahrzeuge, farbenprächtig lackiert, das älteste ist ein Ford T aus dem Jahr 1918.
Oficios 13 (zwischen Justín und Obrapía), Habana Vieja • tgl. 9–17.30 Uhr • Eintritt 2 CUC

Museo de la Ciudad ▶ S. 59, c 3

Der barocke Palast aus dem 18. Jh., einst Sitz der Gouverneure, beherbergt das Geschichtsmuseum der Hauptstadt.
Palacio de los Capitanes Generales, Calle Tacón, Plaza de Armas, Habana Vieja • tgl. 9.30–18 Uhr • Eintritt 3 CUC

Museo del Ron Havana Club
▶ S. 59, c 3

Gewidmet dem beliebtesten Exportprodukt: kubanischem Rum. Alle Stadien des Herstellungsprozesses werden in diesem Palast aus dem 18. Jh. mithilfe von Originalmaschinen erklärt. Führungen.
Avenida del Puerto 262 (Calle San Pedro/Ecke Calle Sol) • www.havana-club.com • tgl. 9.30–17.30 Uhr • Eintritt 7 CUC

Museo Nacional de Bellas Artes
▶ S. 59, b 2

Das prächtige Nationalmuseum der Schönen Künste bietet einen einzigartigen Einblick in die Geschichte der kubanischen Malerei: von der frühesten Vergangenheit bis hin zur Gegenwart.
Calle Trocadero/Ecke Calle Monserrate, Habana Vieja • Di–Sa 10–18, So 10–14 Uhr • Eintritt 5 CUC

Museo de la Revolución
▶ S. 59, b 2

Es gibt in Havanna keinen besseren Ort, um der Ereignisse um die Castro'sche Revolution zu gedenken. 1957 setzten bereits Studenten zum Sturm auf den Palast des damaligen Präsidenten Batista an. Und vom Balkon konnte Fidel Castro wenige Jahre später die Gründung seines Komitees zur Verteidigung der Revolution verkünden. Ché Guevara hielt hier seine erste Ansprache. Im Museum ausgestellt sind neben Fotografien und Dokumenten, den Waffen der Revolutionäre und originalgetreuen Nachbildungen der Revolutionshelden auch Werke des Malers Armado Menocal. Sehenswert ist der Spiegelsaal, in dem sich der Diktator Batista bei rauschenden Empfängen feiern ließ.
Calle Refugio, Habana Vieja • tgl. 10–17 Uhr • Eintritt 4 CUC

SPAZIERGANG
Stadtplan ▶ S. 59

Der Spaziergang beginnt in der **Altstadt (La Habana Vieja)** am **Castillo de la Real Fuerza**, dem ältesten Festungsbauwerk Havannas (16. Jh.), das weithin sichtbar an der Hafeneinfahrt steht. Der Festungsturm ist gekrönt von einer 2 m hohen bron-

Havanna

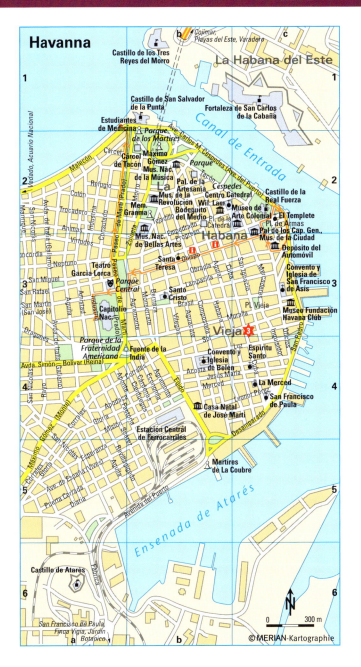

zenen Figur, der **Giraldilla**, die als Wahrzeichen der Stadt gilt. Davor liegt die **Plaza de Armas**, umgeben von zahlreichen kolonialen Prachtbauwerken. Im barocken **Palacio de los Capitanes Generales** von 1790 an der Westseite des Platzes ist heute das **Museo de la Ciudad** (Stadtmuseum) untergebracht. Schräg gegenüber befindet sich der **Palacio del Segundo Cabo** (1776), der heute eine Abteilung des Kultusministeriums beherbergt. Im Osten der Plaza steht **El Templete**, die 1827 entstandene Nachbildung eines dorischen Tempels.

Nordwestlich der Plaza de Armas, nur ein paar Querstraßen weiter, stoßen Sie auf die **Plaza de la Catedral**, dominiert von der herrlichen Kathedrale. Gegenüber liegt das **Museo de Arte Colonial** im ehemaligen Palacio de los Condes de Casa Bayona, einem eher schlichten Herrenhaus mit Arkadengängen aus dem 18. Jh.

Sie passieren auch das **El Patio**, seit vielen Jahren eines der besten Restaurants Havannas, untergebracht in einem spanischen Palast von 1760. Über die **Calle Obispo**, heute Fußgängerzone und von vielen kolonialen Gebäuden eingerahmt, durchqueren Sie die Altstadt. An der Ecke Monserrate können Sie eine der berühmtesten Kneipen Havannas, das **El Floridita**, besuchen.

Eine Querstraße weiter ist der herrliche **Parque Central** erreicht; der baumbestandene Park ist seit altersher das Herz von La Habana Vieja. Hier liegen das **Teatro García Lorca**, Schauplatz für Aufführungen des Nationalballetts, sowie das **Hotel Inglaterra**, neben dem Hotel Nacional de Cuba die stilvollste Übernachtungsadresse Havannas. Das Grandhotel zeigt eine neoklassische Fassade, während im Foyer spätkoloniale Jugendstilpracht überwältigt. Angrenzend an den 1772 erbauten, mosaikbestückten Prachtboulevard Prado (eigentlich Paseo Martí) liegt das **Capitolio Nacional**, eine kubanische Kopie des Washingtoner Kongressgebäudes, 1926 bis 1929 während der Diktatur von Machado als Geste der Verbundenheit mit den USA errichtet. Über den Prado gelangen Sie zum **Malecón**, Jugendstil- und koloniale Fassaden schmücken die Häuser.

Dauer: 2–3 Stunden

ESSEN UND TRINKEN

Floridita ▶ S. 59, b 3

Hemingways Daiquiri-Quelle • »Er trank noch einen gefrorenen Daiquirí ohne Zucker, und als er das schwere, frostbeschlagene Glas hob, sah er die klare Schicht unter dem geraspelten Eis, und sie erinnerte ihn an das Meer« – so setzte Hemingway dem Cocktail in »Inseln im Strom« ein Denkmal. Der Schriftsteller trank seine Daiquiris am liebsten in dieser Bar, in Gesellschaft von Ava Gardner und Ingrid Bergman. Mit angeschlossenem Restaurant.

Obispo 557, Ecke Monserrate, Habana Vieja • Tel. 07/8 67 13 00 • www.floridita-cuba.com • tgl. 12–1 Uhr • €€€

Bodeguita del Medio ▶ S. 59, b 2

Berühmt • Am Tresen hängt der Wahlspruch Hemingways, um dessen zweite Stammkneipe es sich hier handelt. »Mi mojito en el Bodeguita, mi Daiquiri en el Floridita«

Empedrado 207, Havana Vieja • Tel. 07/8 67 13 74 • tgl. 12–24 Uhr • €€

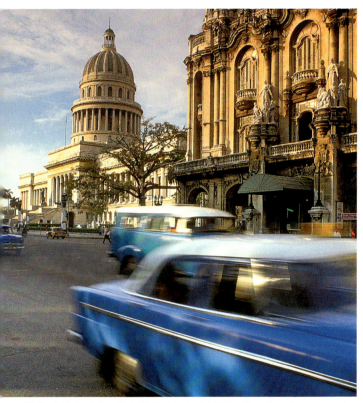

Die Ähnlichkeit mit dem Capitol in Washington ist nicht zu übersehen. Havannas Capitolio Nacional (▶ S. 60) wurde 1926 als Geste der Verbundenheit mit den USA erbaut.

La Guarida ▶ S. 59, westl. a 3

Koloniales Wohnzimmer • »Paladares« heißen die privaten Restaurants, die landestypisches Essen im Wohnzimmer oder in der Küche anbieten. In diesem Nobel-»Paladar« wurden Szenen des Films »Fresa y chocolate« (»Erdbeer & Schokolade«) gedreht, und dementsprechend beliebt ist er bei Besuchern.
Calle Concordia 418 (zwischen Gervasio und Escobar) • Tel. 07/8 66 90 47 • www.laguarida.com • Mo–Fr 12–16, Sa, So 19–23 Uhr • €€

EINKAUFEN

In Kuba kauft man Rum (Havana Club) und Zigarren. Vermeiden Sie die auf den Straßen Havannas günstig angebotenen Marken, es handelt sich dabei um minderwertige Kopien. Man kauft in den Tabakfabriken Partágas, H. Upmann und La Corona angeschlossenen Verkaufsshops oder in den großen Hotels – seriös und in guter Auswahl. Die älteste Zigarrenfabrik ist Partágas (Calle Industrial, in der Nähe des Capitolios).

Ebenfalls ein empfehlenswertes Mitbringsel ist der Guaven-Likör Guayabita del Pinar aus der Provinz Pinar del Río.

AM ABEND
La Tropicana ▸ S. 59, westl. a 2

Kubas berühmter Nachtclub ist einer der bekanntesten und größten der Karibik. Flimmer und Glitter, Glanz und Gloria: Für die Besucher zeigt sich Kubas Sozialismus von seiner farbenprächtigsten Seite, seit 1931 treten hier die angeblich schönsten Frauen von Kuba in einer spektakulären Revue auf, die Assoziationen an den Karneval von Rio weckt: über 200 Tänzerinnen und Tänzer in exotischen Kostümen und Kopfschmuck, die Choreografie folgt afro-kubanischen Rhythmen. 1000 Sitzplätze.
Marianao, Calle 72/Ecke Calle 43 • Tel. 07/8 26 17 17 • www.cabarettropicana.com • Di–So Showbeginn 20.30 Uhr • Eintritt (inkl. Snack und Getränk) ab 75 CUC

STRÄNDE
Schönster Strand im Bereich der Hauptstadt ist **Santa María** (20 Min. per Taxi), an Wochenenden herrscht hier ausgelassene Partystimmung. Der bei Touristen beliebteste Badeort ist **Varadero**, 130 km östlich von Havanna auf der schmalen Halbinsel Hicacos gelegen, mit 20 km langem Sandstrand und der besten touristischen Infrastruktur der Insel. Park mit Umkleidekabinen.

SERVICE
AUSKUNFT
Infotur ▸ S. 59, b 3
Calle Obispo 521, Habana Vieja • Tel. 07/8 66 33 33

Ausflüge
◎ Finca Vigia ▸ Klappe vorne, a 2

Auf diesem idyllischen Landsitz am Stadtrand von Havanna im Vorort San Francisco de Paula lebte der Nobelpreisträger Ernest Hemingway (1899–1961) von 1940 bis zum Sommer 1960, hier beendete er seinen Roman »Wem die Stunde schlägt« und schrieb sein wohl schönstes und ergreifendstes Werk »Der alte Mann und das Meer«. Heute beherbergt die Finca das **Museo Hemingway**. Der Schriftsteller, selbst begeisterter Hochseeangler und Jäger, schmückte die Finca mit Hirschgeweihen, ein Löwenfell ziert einen Salon, und zahlreiche Bücherschränke reihen sich an den Wänden. Eine von Pablo Picasso gefertigte Keramikplatte ist in der Bibliothek ausgestellt. Den dreistöckigen Turm im Garten ließ Mary Welsh, die Hemingway 1946 heiratete, erbauen. Im Garten liegt ein Nachbau der »Pilar«, der 13 m langen Motorjacht Hemingways.
San Francisco de Paula, Calle Vigia • www.hemingwaycuba.com • Mo–Sa 10–16 Uhr • Eintritt 3 CUC
15 km südöstl. von Havanna

◎ Jardín Botánico Nacional de Cuba ▸ Klappe vorne, a 2

Havannas botanischer Garten bietet auf 600 ha (und mit 4000 Pflanzenarten) eine Reise durch die Vegetationszonen der Erde. 35 km Wege führen durch den Park. Steuern Sie den kubanischen Teil an, in dem Kakteenarten und Edelhölzer, Palmen und Kiefernwälder und tropische Baumriesen wachsen. Kleine Wasserfälle, Seerosenteiche, Seen und mehrere Cafés laden zum Verweilen ein.

In der Bar Floridita (▶ S. 60) pflegte schon Hemingway seine Drinks zu schlürfen. Angeblich hat hier der Cocktail Daiquirí im Jahr 1914 das Licht der Welt erblickt.

Calabazar, Carretera El Rocio km 3,5 •
tgl. 9–16 Uhr • Eintritt frei
20 km südl. von Havanna

◎ Pinar del Río

▶ Klappe vorne, a 2

Meterhohe Königspalmen, reetgedeckte Hütten, Tabakplantagen und schroff aufragende Felsen: In der Provinz Pinar del Río treffen die zwei Gebirgszüge der **Sierra del Rosario** und der **Sierra de los Organos** aufeinander, eine landschaftlich reizvolle Gegend, in der auch zwei UNESCO-Biosphärenreservate liegen. Ein Drittel der Provinz ist bewaldet, den Rest bedecken Tabakpflanzungen und Zuckerrohrfelder. Für die Bewohner ein üppig wachsendes Paradies, und so heißt sie auch »Jardín de Cuba«, der Paradiesgarten Kubas. In den Bergen der Sierra de los Organos befindet sich auch das Tal von **Viñales**, geprägt von flachen und steil aufragenden Kalksteinhügeln. Tabakplantagen und kleine Häuser kennzeichnen die Gegend; hier gedeiht zwischen Oktober und Mai der beste Tabak der Welt. Die Kleinstadt Viñales, im kolonialen Stil errichtet, ist Ausgangspunkt für eine Reihe von Naturschönheiten. Zuvor stärkt man sich mit einer »trapiche«, dem typischen Getränk der Gegend: Rum, Honig, Eis und ein Stückchen rumgetränkten Zuckerrohrs.

Pinar del Río, gegründet 1571, die gleichnamige Hauptstadt der Provinz, ist im Schachbrettmuster angelegt und verfügt über eine Reihe von Jugendstil- und klassizistischen Gebäuden und mehrere Museen. Der Geologie und der Pflanzenwelt der Provinz gewidmet ist das naturkundliche Museum (**Museo de Ciencias Naturales**) im Palacio Guasch in der Calle Martí 202, Ecke Pináres.

Anschaulich wird dargelegt, wie es zur Ausbildung der »mogotes«, der typischen Kalksteinhügel von Pinar del Río, gekommen ist. Das Gebäude veranschaulicht, wie man im 18. Jh. zahlreiche Stilrichtungen vereinigte, um die Pracht des Gebäudes noch zu steigern.
180 km westl. von Havanna

PUERTO RICO
▶ Klappe hinten, a/b 1

Puerto Rico, die kleinste Insel der Großen Antillen (180 km Länge, bis zu 60 km Breite), liegt zwischen der Dominikanischen Republik und den US Virgin Islands. Amerikanische und spanische Kultur verbinden sich auf dem mit den USA assoziierten Eiland auf das Engste. Die Inselsprache ist Spanisch, Englisch wird von weniger als 10 % der Bevölkerung (3,9 Mio. Einwohner) gesprochen. Zu den auch im Ausland bekanntesten Latinomusikern puertoricanischer Herkunft zählen Ricky Martin und Jennifer Lopez.

Das einst von Zuckerrohr abhängige Puerto Rico (»Reicher Hafen«) ist, auch dank hoher Subventionen der USA, heute ein moderner Industriestaat und die wirtschaftlich erfolgreichste Insel der Großen Antillen. Sicher trägt auch dieser Umstand dazu bei, dass für die Bevölkerung die Unabhängigkeit – anders als bei den meisten der anderen karibischen Inseln – nicht erstrebenswert ist. Das Pro-Kopf-Einkommen der Puertoricaner ist das höchste der gesamten Region. Tourismus, besonders aus den USA, trägt ebenfalls wesentlich zum Bruttosozialprodukt bei.

Die landschaftlichen und kulturellen Ressourcen sind beeindruckend:

Wächter über die Bucht von San Juan: Die Festung El Morro (▶ S. 66) widerstand bereits im 16. Jh. den Angriffsversuchen von Sir Francis Drake.

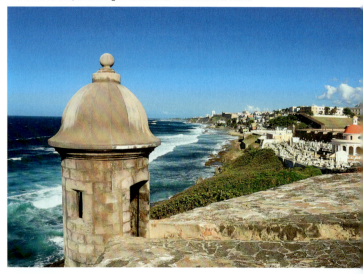

Dichter tropischer Regenwald und hohe Berge prägen das Inselinnere, im Meer hingegen leben Delfine, Seekühe und Wale.

WUSSTEN SIE, DASS ...

... Puerto Rico ein Außengebiet (kein Staat) der USA ist und die Einwohner die US-amerikanische Staatsbürgerschaft besitzen? Allerdings ohne Stimmrecht.

San Juan ▶ Klappe hinten, b 1

430000 Einwohner
Stadtplan ▶ S. 67

Die puertoricanische Hauptstadt hat ein hohes Verkehrsaufkommen und wirkt mit ihren Fast-Food-Outlets und den Hochhäusern auf den ersten Blick wie eine US-amerikanische Metropole. San Juan besitzt jedoch eine einzigartige Altstadt, in der das koloniale Erbe der spanischen Kolonialherren noch heute sichtbar ist. Kreuzfahrtschiffe legen an vier Piers der Südseite der Altstadt an.

SEHENSWERTES
Bacardi Destillerie

▶ S. 67, südl. e 3

Mit der Fähre (50 Cent) geht es von Pier 2 über den Hafen auf die andere Seite der Bucht, von dort mit dem Bus oder Taxi nach Cataño, wo die Destillerie liegt. Während der Führung mit dem Minizug (45 Min.) durch die Distille, die Fabrik und das Museum probiert man zwei Rumsorten. Anschließend kann man im Souvenirshop Bacardi-Produkte einkaufen.
Route 888 km 2,6, Cataño • www.casabacardi.org • Mo–Sa 9–18, So 10–17 Uhr • Eintritt frei

Castillo de San Cristóbal

▶ S. 67, e 2

Die zwischen 1634 und 1772 erbaute Fortanlage bewachte einst das östliche Tor (Puerta Tierra) der von einer Mauer umgebenen Stadt gegen mögliche Angriffe vom Land. Das Castillo besteht aus fünf einzelnen (einst autonomen) Gebäudekomplexen, die durch unterirdische Tunnel und Gräben miteinander verbunden sind. Von hier hat man herrliche Panoramablicke über die Altstadt und zum Stadtteil Condado.
Calle Norzagaray, Viejo San Juan • tgl. 9–18 Uhr • Eintritt 5 US-$

El Convento ▶ S. 67, c 2

1646 begann man mit dem Bau des Klosters Convento de las Carmelitas, das fünf Jahre später eingeweiht und von den Nonnen des Karmeliterordens bezogen wurde. Nach der Schließung des Klosters zu Beginn des 20. Jh. wurde das äußerlich schlichte Bauwerk mit klassischen Proportionen und meterdicken Außenwänden von Robert Woolworth aus der Kaufhaus-Dynastie in ein Fünf-Sterne-Hotel umgebaut. Besichtigen Sie das grandiose Foyer und nehmen Sie eine Erfrischung im vorzüglichen Patio-Restaurant El Picoteo.
100 Calle Cristo, Plaza de las Monjas • www.elconvento.com

La Fortaleza ▶ S. 67, c 3

Die zwischen 1533 und 1540 zum Schutz der Stadt und der Bucht erbaute Befestigungsanlage bestand ursprünglich aus einem großen Innenhof mit einem Turm, umgeben von Mauern. Nachdem später ein höheres, palastähnliches Bauwerk angefügt war, beherbergt La Forta-

leza – bei der Bevölkerung auch als Palacio Santa Catalina bekannt – seit dem 16. Jh. die Gouverneure der Insel. Die unter dem Schutz der UNESCO stehende Anlage weist eine Vielzahl unterschiedlicher Stilelemente auf, neben mittelalterlichen auch barocke und gotische.
Calle Fortaleza, Viejo San Juan • Mo–Fr 9–17 Uhr, Führungen stündlich • Eintritt frei

Fuerte (Castillo) San Felipe del Morro 4 ▶ S. 67, a 1

Beeindruckende Fortanlage, eine der größten der gesamten Karibik: Ein langer Weg führt zum Eingangstor. Die gewaltige Festung bewacht von einem hohen Felsen 40 m über dem Meer seit dem 16. Jh. die San Juan Bay und widerstand 1595 einem Angriff von Sir Francis Drake. Über zwei Jahrhunderte lang bauten spanische Architekten und Militäringenieure die Befestigungsanlage El Morro aus. Sie gehört seit 1983 zum UNESCO-Welterbe und birgt in ihren Mauern auf sechs Stockwerken zahlreiche Hallen, Räume, Keller, Gänge, Plazas und Türme.
San Felipe del Morro, am Rand der Altstadt von San Juan • tgl. 9–18 Uhr • Eintritt 5 US-$

Viejo San Juan

Kopfsteinpflastergassen, Paläste mit schweren Holztoren und Balustraden-Balkonen, romantisch bewachsene Plazas, Häuser in hellen Bonbonfarben: In der restaurierten Altstadt von San Juan sind Hunderte von kolonialen Bauwerken aus dem 16. und 17. Jh. registriert, viele davon hergerichtet als Museen, Cafés, Galerien und Boutiquen. Es herrscht eine lebhafte, beschwingte karibische Atmosphäre bis in die späten Abendstunden. Hauptplatz ist die von Tauben bevölkerte Plaza de Armas, in deren Zentrum sich ein Brunnen aus dem 19. Jh. erhebt.

An Wochenenden und Feiertagen werden oft Konzerte und Volkstänze veranstaltet. Die Plaza wird an der Südseite flankiert vom Rathaus, genannt Alcaldía (Mo–Fr 8–16 Uhr), einem Bauwerk aus dem frühen 17. Jh., dessen Fassade Arkaden auf zwei Stockwerken besitzt und das von Türmchen flankiert ist.

MUSEEN

Casa Blanca ▶ S. 67, c 2

Bereits das Gebäude ist ein architektonisches Juwel: Das Haus des spanischen Konquistadors Juan Ponce de León, 1. Gouverneur von Puerto Rico, stammt aus dem Jahre 1521 (dem Jahr seines Todes), wurde lange von seiner Familie bewohnt und beherbergt heute ein Museum für die karibische Kultur und das spanische Kolonialleben vom 16. bis 18. Jh. Ein idyllischer Garten mit Brunnen aus roten Ziegelsteinen verlockt zu einer Ruhepause.
Calle de San Sebastián, am westl. Ende, Viejo San Juan • Mi–So 9–12, 13–16.30 Uhr • Eintritt 3 US-$

Museo de las Américas ▶ S. 67, b 2

Das sehr sehenswerte völkerkundliche Museum (im zweiten Stock einer dreistöckigen spanischen Kasernenanlage aus dem 19. Jh.) ist der Karibik und den Kulturen Amerikas gewidmet. Eine Dauerausstellung über »Indianer in Amerika« zeigt Bronzeplastiken in tropisch gestalteter Umgebung, die Abteilung Volkskunst stellt Musikinstrumente, Pup-

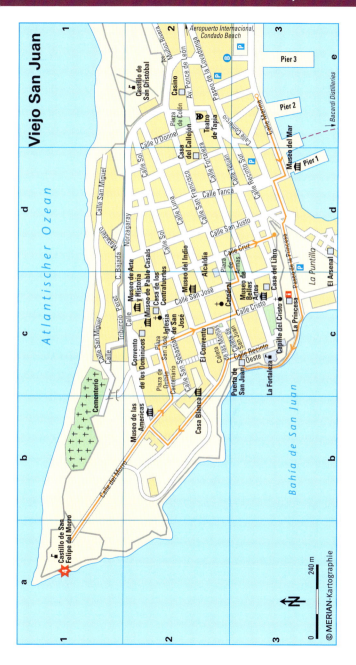

pen und Figuren aus Pappmaschee aus, auch vielfältige afrikanische Fruchtbarkeits- und Ritualmasken.
Cuartel de Ballajá, Calle Norzagaray, Ecke Calle del Morro, Viejo San Juan • www.museolasamericas.org • Di–Sa 9–12, 13–16, So 12–17 Uhr • Eintritt 3 US-$

SPAZIERGANG

Stadtplan ▶ S. 67

Viejo San Juan liegt auf einer Insel im Nordwesten der Stadt und ist mit dieser durch zwei Brücken verbunden. Ihre Forts und historischen Stadtmauern sind UNESCO-Welterbe. Die Altstadt mit Kolonialhäusern aus dem 16. und 17. Jh., mit kopfsteingepflasterten Straßen und kleinen Parks und Plätzen, mit ihren Kirchen und Forts liegt auf einem hügeligen Plateau mit teilweise langen Treppen. Hier entdecken Sie Cafés, Restaurants und mehrere Museen. Ein Spaziergang durch die Altstadt lässt sich problemlos allein unternehmen und kann direkt am Pier beginnen. Wem es zu viel oder zu heiß wird, der nutzt einen der kostenlosen Trolleybusse, die durch die Altstadt fahren; man kann überall ein- und aussteigen. Die Busse starten an der Plaza de la Marina und am Pier 4.

Von den Anlegepiers wenden Sie sich westlich zur kleinen Shoppingmall **Plaza de la Marina,** mit Blick auf die Bucht (San Juan Bay). Weiter in westlicher Richtung verläuft der **Paseo de la Princesa** (19. Jh.) mit Statuen, Brunnen und kleinen Gärten entlang der alten Stadtmauer. Diese (**La Muralla**) wurde im 18. Jh. erbaut, ist bis zu 12 m hoch und 6 m dick und zieht sich weiter an der Südwest-, West- und Nordseite der Altstadt. Die Promenade wendet sich nach Nordwesten und führt an der (rechts oben liegenden) Fortaleza vorbei zur **Puerta de Juan** (1635), ein Tor, das durch die Stadtmauer in die Calle San Juan führt. Man wendet sich rechts in die Straße Recinto del Oeste zur **Fortaleza,** dem Sitz des Gouverneurs (Führungen stündlich Mo–Fr 9–17 Uhr). Zurück auf der **Calle Recinto del Oeste** trifft man rechts in einem Park auf die **Casa Blanca,** einst das Wohnhaus des Konquistadors Juan Ponce de León, heute ein völkerkundliches Museum. Der Weg führt weiter zur **Calle del Morro** und über das freie Feld Campo del Morro zum **Fuerte (Castillo) San Felipe del Morro** 4 (kurz: El Morro). Auf dem Rückweg trifft man am südlichen Ende der Calle del Morro auf das **Cuartel de Ballajá,** ein Kasernengelände aus dem 19. Jh. mit dem **Museo de las Américas.** Über die **Plaza de San José** mit dem Museo Pablo Casals und die **Calle Cristo** mit der Kathedrale erreicht man das Zentrum, **Plaza de Armas,** und von dort südlich wieder die Calle Marina.
Dauer: 2 Stunden

ESSEN UND TRINKEN

Aguaviva ▶ S. 67, d 2

Meeresspezialitäten • Beste Altstadtlage und ausgefallenes maritimes Design mit offener Küche: In diesem hervorragenden Restaurant für Fisch und Meeresspezialitäten werden köstliche »ceviches«, marinierte Meeresfrüchte mit Limone, Paella, Thunfisch und Garnelen in Kokosnusspanade, aufgetischt.
Calle Fortaleza 364, Viejo San Juan • Tel. 7 87/7 22-06 65 • Mo–Sa 12–16, 18–23, So 16–22 Uhr • €€€

Casa Lola Criollo Kitchen
▸ S. 67, östl. e 2

Puertoricanische Küche • Rippchen und Bananen, würziger Garneleneintopf und andere traditionelle Leckereien, geschätzt besonders von Einheimischen. Die Bar serviert köstliche Fruchtcocktails.
Im Stadtteil Condado • Avenida Ashford 1006/Ecke Calle Joffre • Tel. 7 87/998-29 18 • www.casalolarestaurant.com • tgl. 11.30–1 Uhr • €€

Carli's Café Fine Bistro & Piano
▸ S. 67, d 3

Bistro mit Musik • Inhaber Carli Muñoz, ehemals Pianist bei den Beach Boys, unterhält heute seine Gäste gerne mit Jazz, dazu gibt es beste internationale Küche und puertoricanische Nouvelle Cuisine. Von der Restaurantterrasse bietet sich ein schöner Blick auf die Bucht und die Kreuzfahrtschiffe.
Calle Tetuán, Viejo San Juan • Tel. 7 87/7 25-49 27 • www.carlisworld.com • Mo–Sa 11.30–15, 17–23.30 Uhr • €€

EINKAUFEN

Die Haupteinkaufsstraße Calle del Cristo der Altstadt Viejo San Juan bietet zahlreiche gut sortierte Kunsthandwerksgeschäfte.
In San Juan und Umgebung gibt es mehrere Shoppingmalls. Mit rund 250 Boutiquen ist die Plaza de las Américas (Hato Rey, Avenida Franklin Roosevelt, 4 km südlich der Stadt) die größte der gesamten Karibik.

STRÄNDE

Puerto Rico besitzt unzählige Strände. Viele verfügen über Umkleidekabinen, Duschen und Strandrestaurants. Zu den beliebtesten Stränden zählt der feinsandige **Condado Beach** in San Juan.

SERVICE
AUSKUNFT
Tourist Information Center
▸ S. 67, d 3

Ochoa Bldg., 1. Stock, Calle Marina/Ecke Calle Comercio, Pier 1 • Tel. 7 87/7 22-17 09

Ausflüge

◎ Dorado ▸ Klappe hinten, a 1

Westlich von San Juan liegt am Meer das 1842 gegründete Dorf, einer der schönsten Touristenorte der Insel. Schon früh erkannte die Rockefeller-Familie das Potenzial der Region und erwarb größere Landflächen. Auf dem Landsitz der Dynastie entwickelte sich das heutige Hyatt Hacienda del Mar, eines der luxuriösesten Hotels von Puerto Rico (301 Highway 693, www.hyatthaciendadelmar.hyatt.com).
Auch ein kleines Museum kann besichtigt werden: **La Casa del Rey** (Calle Mendez Vigo 292, Mo–Fr 8–16.30 Uhr, Spende erbeten) zeigt Dokumente der Stadtgeschichte.
Ca. 30 km westl. von San Juan

◎ Ruta Panorámica
▸ Klappe hinten, a 1

Die 265 km lange Panoramastraße verläuft zwischen Yabucoya im Osten von Puerto Rico und Mayagüez, der drittgrößten Stadt der Insel an der Westküste, und durchquert die **Cordillera Central**, eine Region mit üppigen tropischen Tälern und hoch aufragenden Bergen sowie Dörfern, in denen die Zeit stillzustehen scheint. Es ist möglich, die Straße auf einer Teilstrecke zu befahren, etwa ab Cayey (rund 50 km südlich von San Juan).

Kleine Antillen
Vom winzigen Robinson-Eiland über Segler- und Promi-Treffs zu weltberühmten Destinationen: Zwischen Anguilla und Tobago zeigen die Inseln ihre ganze Vielfalt und unterschiedliche Charakteristik.

Antigua – St. John's

◂ Blick auf den historischen English Harbour (▸ S. 74) und die Werft Nelson's Dockyard auf Antigua.

Die Kleinen Antillen bilden einen über 2400 km langen Bogen einzelner Inseln, die sich von den Virgin Islands im Norden bis Aruba im Süden erstrecken. Der Großteil dieser etwa 700 Inseln ist unbewohnt. Eine weitere Unterteilung trennt die Kleinen Antillen in die nördlichen **Leeward-Inseln**, nämlich die »Inseln über dem Wind« (Antigua, Virgin Islands, St. Martin, Saint-Barthélemy, St. Kitts & Nevis, Guadeloupe) und die südlichen **Windward Islands**, die »Inseln unter dem Wind« (Martinique, St. Lucia, Barbados, Grenada, Bonaire, Curaçao, Trinidad & Tobago).

ANTIGUA ▸ Klappe hinten, d 2

Karte ▸ S. 134/135

Die nur 23 km lange und 14 km breite Insel (88 000 Einwohner) besitzt einige der schönsten Ankerplätze, dazu breite, von Palmen beschattete Strände, nach Auskunft des Fremdenverkehrsamts nicht weniger als 365 Stück, nämlich »einen für jeden Tag des Jahres«. Landschaftlich hingegen kann die Insel kaum beeindrucken, weite karge Ebenen prägen das Land. Antigua ist die größte der Leeward-Inseln (»Inseln über dem Wind«) und bildet gemeinsam mit der Nachbarinsel **Barbuda** einen unabhängigen Staat im **Britischen Commonwealth**.

Vor 2500 Jahren waren Arawak-Indianer die ersten Siedler auf Antigua, britische Siedler erreichten 1632 die Insel und errichteten bald ausgedehnte Zuckerrohrplantagen. Die letzte Zuckerfabrik schloss 1966. Noch heute sind überall auf der Insel verfallene Zuckermühlen zu sehen. Ein Muss jedes Antigua-Aufenthaltes ist ein Besuch des historischen English Harbour und des Aussichtspunkts **Shirley Heights**. Antigua gilt als Hochburg für Segler, die Saison wird eröffnet mit der **Antigua Yacht Show** im Dezember und beendet mit der **Antigua Sailing Week** (▸ Feste und Events, S. 23) im April, der größten Regatta der Karibik.

St. John's ▸ S. 134, B/C 3

35 000 Einwohner

St. John's, die Inselhauptstadt, liegt an einer tief eingeschnittenen Bucht an der Nordwestküste. Fast die Hälfte der Einwohner lebt hier und in der näheren Umgebung. Schnurgerade ziehen sich die Straßen hinunter zum Hafen. Meist liegen Kreuzfahrtschiffe vor Anker, die die ein- bis zweigeschossigen Holzhäuser überragen.

SEHENSWERTES

St. John's Anglican Church

Mit ihren hohen weißen Zwillingstürmen überragt die barock anmutende Kirche die Skyline von St. John's und gehört zu den markantesten Bauwerken der Stadt. Mitte des 19. Jh. wurde das Gotteshaus, das auch St. John the Divine genannt wird, an der Stelle einer früheren, durch ein Erdbeben zerstörten Kirche neu erbaut. Größter Schatz im Kircheninneren, das geprägt ist durch dunkles Pinienholz, ist eine Figur, die Johannes den Täufer darstellt und die sich auf einem der Schiffe Napoleons befunden haben soll.

Newgate Street

MUSEUM
Old Court House

Das älteste Gebäude der Stadt, ein ehemaliger Gerichtshof von 1748, beherbergt heute das Museum of Antigua and Barbuda. Zahlreiche historische und naturgeschichtliche Exponate und Einzelausstellungen (u. a. zur Geschichte der Arawak-Indianer, zur Rumproduktion und zur Sklaverei) illustrieren die Entwicklung von der Plantageninsel zur karibischen Feriendestination sehr anschaulich.

Long Street/Ecke Market Street • Tel. 2 68/4 62-14 69 • Mo–Fr 8.30–16.30, Sa 10–14 Uhr • Eintritt 3 US-$

SPAZIERGANG

Der Rundgang beginnt beim **Redcliffe Quay**, wo sich auch der Cruise Dock für die Kreuzfahrtschiffe befindet. Einst beherbergten die farbenfrohen Holzboutiquen mit steinernem Fundament Warenlager für Zucker und Kaffee, der auf Antigua produziert wurde.

Von der Redcliffe Street biegen Sie nach links in die Market Street, bis Sie drei Querstraßen weiter zur Long Street gelangen. Hier liegt das sehenswerte **Museum of Antigua and Barbuda**. Anschließend folgen Sie zwei Blocks weiter der Market Street und zweigen rechts in die Newgate Street ab. Schon von Weitem sehen Sie die **St. John's Anglican Church** mit ihren hohen Türmen. Zurück geht es über Church Lane und Temple Street, bis Sie entlang der St. Mary's Street zu **Hemingway's**, dem schönsten Café-Restaurant der Stadt, kommen. Zum Abschluss steht vielleicht noch etwas Shopping am **Heritage Quay** auf dem Programm.

Dauer: 1 Stunde

ESSEN UND TRINKEN
Hemingway's

Prächtige Aussicht • Für eine Erfrischung oder zum Dinner bei Kerzenlicht: Auf der Veranda im ersten Stock beobachtet man bei einem Rum-Fruchtcocktail das quirlige Treiben auf der Straße und am Hafen. Das Caribbean Restaurant and Café in einem weiß-grün gestrichenen Holzhaus westindischer Prägung bietet kreolische Spezialitäten wie »conch fritters« (frittierte Conch-Muscheln), »seafood chowder« und beste US-Küche (Steaks und Salate), dazu köstliche exotische Desserts und Kaffee.

Thames Street • Tel. 2 68/4 62-27 63 • www.hemingwayantigua.com • tgl. 8.30–23 Uhr • €€–€€€

The Mainbrace Pub

Englischer Pub • Vom Frühstück bis tief in die Nacht der Treffpunkt auf der Insel: Der Pub im stimmungsvollen Copper and Lumber Store-Hotel vereint britisches Ale und karibische Spezialitäten ebenso wie Millionäre und mittellose Lebenskünstler.

The Copper and Lumber Store, Nelson's Dockyard, English Harbour Tel. 2 68/4 60-11 60 • www.copperandlumberhotel.com • tgl. 8–23 Uhr • €€

Café Napoleon

Schattig unter Bäumen • Die vielen Stammgäste schätzen »Nap's«, ein Café-Bistro im französischen Stil, wegen seiner leckeren Croissants, dem Cappuccino und dem eisgekühlten Wadadli (lokales Bier) sowie der Plätze im Freien.

Redcliffe Quay • Tel. 2 68/5 62-18 20 • Mo–Sa 9–16.30 Uhr • €

Wie ein »weißer Riese« mutet dieses Kreuzfahrtschiff im kleinen Hafenbecken – am Redcliffe Quay – von Antiguas Hauptstadt St. John's (▶ S. 71) an.

EINKAUFEN

Heritage Quay und Redcliffe Quay 🍴🛍

Die am Cruise Terminal liegenden Einkaufskomplexe gehören zu den beliebtesten Adressen des Duty-free-Shoppings auf den Kleinen Antillen. Mehrere Dutzend Boutiquen und Souvenirläden bieten zollfreies Kunsthandwerk, Mode sowie Schmuck und Elektronikartikel.

Übrigens: Der lokale Rum heißt »Cavalier«. Nach dem Shoppen trifft man sich in einem der karibisch gestylten Cafés und Restaurants von Heritage Quay oder Redcliffe Quay auf einen Drink.

Samstag findet ab dem frühen Morgen ein bunter Obst- und Gemüsemarkt auf dem Marktplatz an der Ecke Market Street/Valley Road und All Saints Road statt. Gleich daneben verkauft man auf dem Kunsthandwerksmarkt Bilder, Schnitzereien, handbemalte T-Shirts und bunte karibische Stoffpuppen.

STRÄNDE

Am stadtnächsten liegt der nördlich gelegene **St. John's Beach**, ein öffentlicher, bei Einheimischen und Touristen beliebter Strand; er bietet Verleih von Sonnenschirmen und Liegestühlen sowie eine Strandbar. Antiguas schönster Strand, feinsandig und idyllisch, ist die **Half Moon Bay**, abgelegen im Südosten und ideal für Schnorchler. Hier gibt es auch ein Restaurant und eine Strandbar.

SERVICE

AUSKUNFT

Tourism Authority
ACB Financial Centre, High Street, St. John's • Tel. 2 68/562 76 00 • www.antigua-barbuda.de

TAXI

Taxis warten am Cruise Terminal. Da es keine Taxameter gibt, müssen vorher die Preise vereinbart werden. Die von der Regierung vorgeschriebenen Preise hängen aus am Taxistand in Heritage Quay.

Ausflüge

◎ Betty's Hope Plantation
▶ S. 135, D 4

Die 1650 von Sir Geoffrey Codrington gegründete und nach dessen Tochter benannte Zuckerplantage ist die älteste der großen Zuckerrohrplantagen Antiguas. Das einstige Manor House ist längst verfallen, doch mit der Übernahme durch die Antigua Historical and Archaeological Society eröffnete man auf dem Gelände ein modernes Besucherzentrum. Heute ist die Plantage ein Freilichtmuseum, das mit allen Aspekten der Arbeit auf einer Zuckerrohrplantage vertraut macht. Sehenswert ist – neben den diversen historischen Bauwerken bzw. deren Überresten – eine wieder instand gesetzte Windmühle. Eine Besichtigung der im Inselsüden liegenden Plantage lässt sich gut mit einem Besuch des English Harbour verbinden.
Di–Sa 10–16 Uhr • Eintritt 2 US-$
Pares
Ca. 15 km südöstl. von St. John's

◎ English Harbour 5
▶ S. 135, D 6

Im Süden der Insel, im Ensemble dreier miteinander verbundener Buchten, lag im 18. Jh. schon Admiral Nelsons Karibikflotte vor Anker. English Harbour war für die Briten die bedeutendste und am besten geschützte Flottenbasis Westindiens. Die alte Werft des Admirals wurde restauriert und nach ihm benannt: **Nelson's Dockyard**. In einem der Lagerhäuser befindet sich das **Dockyard Museum** (Naval Offi-

Diese Windmühle gehört zur 1650 gegründeten Zuckerrohrplantage Betty's Hope Plantation (▶ S. 74) auf Antigua, die heute ein Freilichtmuseum beherbergt.

cer's House, tgl. 8–17 Uhr, Eintritt 5 XCD), in dem noch einige der alten, ehemals zur Reparatur der Schiffe verwendeten Werkzeuge zu bestaunen sind. Zu sehen gibt es auch antike Seekarten, Möbel der Kolonialzeit und Gemälde. In den ehrwürdigen Backstein-Lagerhäusern, den Werkstätten und Docks riecht es nach Alter Welt und schmeckt es nach Meer. Hier finden Sie zudem zahlreiche stimmungsvolle Cafés, Restaurants und Boutiquen.
18 km südl. von St. John's

◎ Fort Barrington ▶ S. 134, A/B 3

Gleich zwei Fortanlagen bewachten einst die Einfahrt zum Hafen, nämlich das westlich der Stadt an der Nordküste der Halbinsel Five Islands über der Deep Bay gelegene Fort Barrington und das nördlich gelegene Fort James. Barrington, Ende des 18. Jh. unter Gouverneur Burt errichtet, wirkt noch als Ruine malerisch. Zudem bietet sich von hier aus ein schöner Blick über den Hafen von St. John's.
Five Islands
4 km westl. von St. John's

◎ Shirley Heights ▶ S. 135, D 6

Den schönsten Blick auf English Harbour genießen Sie von diesem Felsen im Südosten der Hafenanlage. Von hier oben sieht man am besten, wie die Jachten und Segelboote in die Hafenanlage von Nelson's Dockyard steuern. Außerdem erkennen Sie die Landspitzen Proctor's Point und Harman Point, die die Hafeneinfahrten markieren. Sonntags füllt sich der Platz mit Menschen, angezogen von Reggae- und Steelband-Klängen. Der Rumpunsch fließt in Strömen, und es werden Grills aufgebaut. An der Straße nach Shirley Heights lohnt ein Besuch des **Dow's Hill Interpretation Centre**, innerhalb der Ruinen einer einstigen militärischen Fortanlage erbaut, eine moderne Multimedia-Präsentation über die Geschichte Antiguas von den Siboney-Indianern bis zur Gegenwart.
20 km südl. von St. John's

ARUBA ▶ Klappe vorne, d 5

Karte ▶ S. 136

Vor der Küste Venezuelas liegt das 32 km lange und knapp 10 km breite Aruba, die kleinste der drei sogenannten **ABC-Inseln** (Aruba, Bonaire, Curaçao), die zu den ehemaligen **Niederländischen Antillen** gehören. Der Unterschied zum südamerikanischen Festland könnte nicht größer sein. Knorrige, vom ständigen Passatwind gekrümmte Divi-Divi-Bäume, Kakteen und Dornengestrüpp bedecken das wüstenartige Inselinnere. Das Leben spielt sich heute weitgehend an der Küste ab. Weiße und feinsandige Strände sind das größte touristische Kapital und ziehen Besucher aus aller Welt an. Der Bevölkerung Arubas sind die Fremden vertraut, Folge einer Einwanderungswelle, die nach Erdölfunden während des Zweiten Weltkrieges ausgelöst wurde. Aus mehr als 40 Nationen setzt sich heute Arubas Bevölkerung zusammen.

Oranjestad ▶ S. 136, A 3

33 000 Einwohner
Stadtplan ▶ S. 77

In der Inselhauptstadt Oranjestad an der Westküste glänzt alles wie frisch lackiert. Die neuen mehrstöckigen

Häuser in Pastellfarben tragen weiß leuchtenden und altholländisch anmutenden Fassadenschmuck aus Kacheln. Im Jachthafen »Marina Harbour Town«, dem Zentrum der Stadt, liegen Segelboote und Luxusjachten vor Anker.

SEHENSWERTES

Atlantis Submarines Expedition 🍴 ▸ S. 77, b 2

Seit 1990 ist dieser Unterwasserpark eine der größten Besucherattraktionen Arubas: Fühlen Sie sich wie Kapitän Nemo, wenn Sie bis zu 40 m tief in einem (klimatisierten) U-Boot unter die Meeresoberfläche abtauchen. Während der zweistündigen Tour (davon 45 Min. unter Wasser) sind faszinierende Einblicke in die tropische Unterwasserwelt des Korallenriffs garantiert.
L.G. Smith Boulevard 142 • Adventure Center, De Palm Tours • Tel. 522 44 00 • www.depalmtours.com • 104 US-$

Fort Zoutman 🍴 ▸ S. 77, c 2

Das älteste erhaltene Bauwerk der Insel (1796) ist eine bescheidene Festung aus Stein und Lehm, die häufiger als Gefängnis und Polizeiwache denn als Verteidigungsanlage genutzt wurde. Der zum Fort gehörende historische Leuchtturm, genannt »Willem III Tower«, beherbergt ein Museum mit Ausstellungsstücken zur Kolonialgeschichte der Stadt (**Museo Arubano**). Wöchentlich heißt es im Fort (Di 18.30–20.30 Uhr) »Bon Bini« – Willkommen. Beim **Bon-Bini-Festival** erfreuen Kunsthandwerk und kulinarische Spezialitäten die Besucher.
Zoutmanstraat 1 • Mo–Fr 8.30–16 Uhr • Eintritt 3 US-$

MUSEEN

Museo Arqueologico Aruba
▸ S. 77, b/c 2

Kleine Ausstellung zur Geschichte der Insel; auch Fundobjekte zur Frühgeschichte Arubas (Steinwerkzeuge, Vasen) werden ausgestellt.
Schelp Straat 42 • www.namaruba.org • Di–Fr 10–17, Sa, So 10–14 Uhr • Eintritt frei

Museo Arubano ▸ S. 77, c 2

Das Aruba Historical Museum liegt im Willem III Tower und illustriert die Kolonialgeschichte von Aruba.
Fort Zoutman • Mo–Fr 8.30–16 Uhr • Eintritt 8 US-$

SPAZIERGANG

Stadtplan ▸ S. 77

Entlang des Meeres verläuft der **L.G. Smith Boulevard**, an dem sich Häfen für Jachten und Sportboote, Boutiquen, Restaurants und Cafés aneinanderreihen. Vom **Cruiseship Terminal** im Stadtzentrum wenden Sie sich rechts (nach Süden) und passieren den farbenprächtigen **Schooner Market**, den Obst- und Gemüsemarkt von Oranjestad. Tropisches Obst und Gemüse werden täglich frisch mit Booten (hier »Borkjes« genannt) aus Venezuela angeliefert. Als Nächstes folgt der Jachthafen **Marina Harbour**: Hier herrscht besonders während der europäischen Wintermonate viel Betrieb. Die Marina grenzt an den **Queen Wilhelmina Park**, eine grüne tropische Oase mit Blick aufs Meer, benannt nach der niederländischen Königin Wilhelmina, die ein halbes Jahrhundert lang die Niederlande und auch Aruba regierte. Biegen Sie in die links abgehende Oranjestraat ein, dann liegen gleich linker Hand

Oranjestad

das **Parlament** und der Amtssitz des Gouverneurs vor Ihnen. Schräg gegenüber erhebt sich **Fort Zoutman**. 1984 eröffnete dort die Schwester der niederländischen Königin Beatrix, Prinzessin Margriet, das **Museo Arubano**. Von der Festungsanlage führt die Zoutmanstraat links (nach Norden) zur Plaza der **Seaport Mall**, einem großen Shoppingkomplex mit Luxushotel. Über die Havenstraat geht es wieder zurück zum Hafen.
Dauer: 1,5 Stunden

ESSEN UND TRINKEN

Madame Janette ▶ S. 77, nördl. a 1
Unter freiem Himmel • Hier wird Kochkunst zelebriert: Pasta, Steaks, Meeresfrüchte – in diesem vielfach ausgezeichneten Restaurant (u. a. als »Best Restaurant of the Caribbean«) werden Standardgerichte von europäischen Küchenchefs sternewürdig zubereitet und üppig angerichtet serviert. Reservierung nötig!
Cunucu Abou 37 • Tel. 5 87 01 84 • www.madamejanette.info • Mo–Sa 17.30–22 Uhr • €€€€

Driftwood ▶ S. 77, c 2
Frisch aus dem Meer • »Sea Scallops« (Jakobsmuscheln) und »Lobster Crêpes« (Crêpes gefüllt mit Hummer) gibt es als Vorspeise, danach gegrillten Fisch mit süß-saurer Pfirsichsauce. Die Inhaber, Francine und ihr Mann Herby, bereiten seit 1986 die besten Fisch- und Meeresfrüchtespezialitäten der Insel zu. Karibik-Nostalgiker lieben im »Treibholz« das Interieur im Stil westindischer Fischerhütten ebenso wie den köstlichen weißen Fruchtpunsch.
Klipstraat 12 • Tel. 5 83 25 15 • www.driftwoodaruba.com • Mo–Sa 17.30–22.30 Uhr • €€€

Coco Plum ▶ S. 77, c 1
Rustikaler Patio • Für zwischendurch: kleine Gerichte wie Pasteten, Salate und Sandwiches, italienisch und US-amerikanisch zubereitet, frisch gepresste Säfte – erste Wahl bei einem Stadtspaziergang.
Caya Betico Croes 100 • Tel. 5 83 11 76 • tgl. 9–22 Uhr • €

EINKAUFEN

In der Shopping-Hochburg Oranjestad gibt es zahlreiche moderne Malls. Beliebt sind »The Alhambra Shopping Bazar« sowie »The Atrium«, ferner »The Renaissance Mall« und »Renaissance Marketplace« mit Hunderten von Boutiquen, Restaurants und Cafés. Ein hochpreisiges Angebot hat die »Royal Plaza Mall«. Zu den inseltypischen Spezialitäten gehören holländische Schokolade, Käse, Delfter Porzellan sowie Produkte der einstigen holländischen Kolonie Indonesien (Rattanmöbel, balinesische Stoffe und Bekleidung).

Aruba Aloe ▸ S. 77, nördl. a 1

Bereits 1840 wurde auf Aruba Aloe vera eingeführt. Die Insel wurde zum weltweit größten Produzenten des Sukkulenten-Gewächses mit heilender Wirkung. Hier kauft man die Originalprodukte, Aruba Aloe kommt nicht nur pur bei Sonnenbrand, sondern auch bei pflegenden Kosmetikprodukten zum Einsatz. Im Aruba Aloe Museum & Factory (Mo–Fr 8.30–16, Sa 9–12 Uhr, Eintritt frei) erfährt man viel Wissenswertes über die Heilpflanze.
Pitastraat 115 • www.arubaaloe.com

AM ABEND

Crystal Casino ▸ S. 77, b 2

Ganz in der Nähe des Cruise Terminals am Meer liegt das Crystal Casino.
Im Renaissance Aruba Resort & Casino, L.G. Smith Boulevard 82 • Tel. 5 83 60 00 • www.marriott.com • tgl. 24 Std.

STRÄNDE

Palm Beach heißt der nordwestlich von Oranjestad liegende, 12 km lange breite Puderzuckerstrand, beschattet von Kokospalmen, an dem zwei Dutzend Hotels der oberen Preisklasse liegen. Davor liegt der palmengesäumte, feinsandige **Eagle Beach** mit weiteren Hotels.

SERVICE
AUSKUNFT
Aruba Tourism Authority
▸ S. 77, b 2
L.G. Smith Boulevard 172 • Tel. 5 82 37 77 • www.aruba.de

TAXI

Zwar sind die Taxis nicht mit einem Taxameter ausgestattet, doch sind feste Streckenpreise vorgeschrieben, und die Fahrer haben diese Liste im Wagen. Beliebt ist auch das Mieten eines offenen Jeeps für etwa 80 US-$ pro Tag; am Cruise Terminal warten diverse Anbieter auf Neuankömmlinge.

Ausflüge

◎ **Butterfly Farm** ♣♣ ✦
▸ S. 136, A 3

In einem tropischen Garten werden Schmetterlinge aus mehreren Erdteilen gezüchtet. Ein zauberhaftes Vergnügen für Erwachsene wie Kinder, bei dem man zudem einiges darüber erfährt, wie Schmetterlinge auch im eigenen Garten heimisch werden können.
J. E. Irausquin Boulevard, Palm Beach, neben Wyndham Resort • www.thebutterflyfarm.com • tgl. 8.30–16.30 Uhr • Eintritt 13 US-$
7 km nördl. von Oranjestad

◎ **Südostküste** ▸ S. 136, B 4–C 5

Kandelaberkakteen und weiße Sanddünen prägen den durch Wanderwege erschlossenen **Arikok-Natio-**

nalpark, der zwischen dem 176 m hohen Mount Ariko und der Ostküste liegt und knapp 20 % der Inselfläche einnimmt. Felsformationen tragen Zeichnungen der frühen indianischen Siedler, und im Südwesten des Parks liegt ein wiederaufgebautes frühes Bauernhaus aus Lehm, dessen weiß getünchte Fassade mit geometrischen Motiven verziert ist. Das sogenannte **Cunucu-Haus** soll das Leben auf Aruba in früheren Jahrhunderten illustrieren. Im Süden des Parks liegt die etwa 100 m lange **Fontein-Höhle** mit frühen indianischen Felszeichnungen an der Decke, nämlich Spiralen, Kreisen und Punkten. Die Haupthöhle enthält zudem zahlreiche bizarr geformte Tropfsteinsäulen. Etwa 1 km südlich der Höhle liegt das 150 m lange Höhlensystem von **Guadirikiri**, bewohnt von einer Kolonie von kleinen Fledermäusen. Nach einem weiteren Kilometer erreicht man **Baranca Sunu** (oder Huliba-Höhle), wegen des herzförmigen Eingangs auch »Tunnel of Love« genannt, eine rund 200 m lange Höhle (Verleih von Helmen und Taschenlampen am Eingang der Höhle).

Die Straße führt nach **San Nicolas** (der zweitgrößten Stadt der Insel), wo man in Charlie's Bar einkehrt, einer Institution seit Jahren.

Im äußersten Süden von Aruba gelangen Sie zum **Baby Beach**, eine einzige große karibische Badewanne, gebildet aus kreisrund angeordneten Felsen. Im glasklaren Wasser lässt es sich herrlich baden und schnorcheln. Über die Küstenstraße gelangt man wieder zurück nach Oranjestad.

20 km südöstl. von Oranjestad

BARBADOS
▶ Klappe hinten, e 4

Karte ▶ S. 137

Das 431 qkm große Barbados gehört zu den beliebtesten Karibikzielen der Briten und US-Amerikaner, weil es über hervorragende Strände, vorzügliche Restaurants und über freundliche, lebensfrohe Bewohner, genannt »Bajans« (über 90 % sind Nachfahren schwarzer Sklaven), verfügt.

Kolumbus ließ die östlichste Insel der Kleinen Antillen im wahrsten Sinne des Wortes links liegen: Auf jeder seiner insgesamt vier Entdeckungsreisen segelte er an der unbewohnten Korallenkalksteininsel vorbei. Briten waren schließlich die ersten Europäer, die auf Barbados an Land gingen. Für annähernd drei Jahrhunderte (bis 1966) verblieb die Insel in englischem Besitz und ist heute ein unabhängiger Staat im **Britischen Commonwealth**, mit ein Grund dafür, dass auf Barbados links gefahren wird, Five o'Clock Tea, National Trust (eine in England ansässige Denkmalschutzorganisation) und natürlich Cricket noch heute in hohem Ansehen stehen.

Bridgetown ▶ S. 137, A 4/5
102 000 Einwohner
Stadtplan ▶ S. 81

Die im Südwesten liegende Hauptstadt Bridgetown ist eine propere Ansammlung aus historischen Gebäuden und karibischen Häusern. Das **Kreuzfahrtterminal**, eines der modernsten und größten der Region, liegt knapp 2 km nordwestlich der Stadt. Hier finden Sie zahlreiche Duty-free-Boutiquen, Kunsthandwerksstände sowie das Barbados Tourist Office (www.barbados.org) und Autovermietungen, Taxis und Anbieter für Sightseeingtouren. Im Juni 2011 wurde die historische Altstadt von der UNESCO zum Weltkulturerbe erklärt.

MUSEEN
Barbados Museum
▸ S. 81, südl. c 2

Kunst im Gefängnis: Das Museum ist untergebracht im alten Gefängnis (St. Ann's Garrison) am Südrand der Stadt. Dort gruppiert sich eine Reihe hübscher und von der Barbados Historical Society restaurierter Gebäude mit geräumigen Veranden um einen großen Platz (The Garrison Square). In zehn Galerien werden Exponate zur Inselgeschichte sowie zur Fauna und Flora von Barbados gezeigt, darunter auch Kolonialmöbel aus einer alten Plantage. Bücher aus dem 17. Jh. illustrieren in der Bibliothek die Geschichte der Insel. Ein kleines Café unter Bäumen im Patio sowie ein Geschäft, das gute Reproduktionen historischer Gemälde und Karten anbietet, ergänzen das Museum.
St. Ann's Garrison, St. Michael • www.barbados.org/barbmus.htm • Mo–Sa 9–17, So 14–18 Uhr • Eintritt 18 BBD

Tyrol Cot Heritage Village
▸ S. 137, A 4

Bei dem Freilichtmuseum handelt es sich um das ehemalige Heim – ein Herrenhaus mit palladianischen und karibischen Stilelementen – von Sir Grantley Adams, Barbados erstem Premierminister. In dem vom Barbados National Trust restaurierten Gebäude sind Möbel und Gemälde aus dem Besitz der Familie zu sehen. In den ehemaligen Arbeiterhütten, den farbenfrohen »Chattel Houses«, sind Kunsthandwerksboutiquen untergebracht. Ein für Barbados typischer Rum-Shop hält Sandwiches, Tee und diverse Rumsorten bereit. »Chattel Houses« heißen die kleinen Häuser im westindischen Stil, die nur aus ein, zwei Zimmern und einer Veranda bestehen. Die auf Stelzen erbauten Häuschen können mit wenigen Handgriffen zerlegt und an anderer Stelle wieder aufgebaut werden.
Codrington Hill, St. Michael • Mo–Fr 8–16.30 Uhr • Eintritt 16 BBD

SPAZIERGANG
Stadtplan ▸ S. 81

Starten Sie Ihren Rundgang am Hafen **The Careenage** und bummeln vom Independence Square über die Chamberlain-Bridge zum **Trafalgar Square**, noch heute Mittelpunkt der Stadt und umgeben von mehreren öffentlichen Gebäuden. Hier sehen Sie auch das Bronzedenkmal für den berühmten Seehelden Lord Nelson aus dem Jahr 1813. Treffpunkt von Jugendlichen am Trafalgar Square ist **The Fountain**, ein Brunnen aus lokalem Korallenkalkstein. Entlang der High Street, vorbei am **Parliament Building**, gelangen Sie in die links abzweigende James Street. Dort erhebt sich eine **Synagoge** aus dem 19. Jh., vom Barbados National Trust restauriert. Heute lebt auf der Insel nur noch eine kleine jüdische Gemeinde, Nachkommen holländischer Siedler aus dem 17. Jh. Nachdem die Straße übergegangen ist in die St. Mary's Row, thront westlich des Stadtzentrums, Richtung des

dörflichen Viertels Cheapside, die hübsche **St. Mary's Church**, umgeben von Flamboyant-Bäumen. Über die Lower Broad Street gelangen Sie zurück in die geschäftige **Broad Street**. Hier gibt es alles, von Klamotten und Musik-CDs mit den neuesten Reggae- und Calypso-Hits vom Straßenhändler bis zu Kaschmirpullovern im Department Store. Typisch Karibik: Im Schaufenster einer Konditorei sind Dutzende von pastellfarbigen und mehrstöckigen Torten ausgestellt. Wieder zurück an der Careenage, lassen Sie sich am besten in einem der Cafés mit Blick auf die Jachten nieder.
Dauer: 1,5 Stunden

ESSEN UND TRINKEN

Brown Sugar ▶ S. 81, südl. c 2

Bajan Cusine • Klassiker für typische Barbados-Küche, der Renner ist das Buffet Lunch, genauso empfehlenswert sind ausgesuchte Gerichte à la carte wie die »Coconut Shrimps«, mit hausgemachten scharfen Saucen. Vielzahl an Mixgetränken, auch ohne Alkohol, und tropisch, romantische Atmosphäre.

Aquatic Gap, Bay Street, St. Michael • Tel. 246/426-76 84 • www.brownsugarbarbados.net • Mo–Fr, So 12–14.30, tgl. 18–21.30 Uhr • €€€

Waterfront Café ▶ S. 81, c 2

Mit Blick auf Fischerboote • Das seit 1984 im ehemaligen Lagerhaus für Zucker und Melasse untergebrachte Café-Restaurant avancierte zum beliebtesten Treffpunkt von Bridgetown. In den Räumen werden (Verkaufs-)Ausstellungen lokaler Künstler veranstaltet, abends spielen Jazzmusiker. Bereits morgens sind die Tische unmittelbar am Hafenbecken belegt.
The Careenage • Tel. 2 46/4 27 00 93 • www.waterfrontcafe.com.bb • Mo–Sa 10–17, Do–Sa bis 22 Uhr • €€

EINKAUFEN

Typische Spezialitäten sind die auf Barbados produzierten Rum- und Likörsorten sowie – seit 1996 eine Erfolgsgeschichte – die in diversen Geschäften erhältlichen Calypso Rum Cakes, mit Rum getränkte Kuchen in mehreren Geschmacksrichtungen.

Cave Shepherd ▶ S. 81, b 2

Das Harrods der Karibik: Alle Wege in Bridgetown führen zum größten Kaufhaus (»department store«) der Stadt, auf drei Etagen eine stilvolle Adresse zum Einkauf zollfreier Waren.
10–12 Broad Street

Pelican Village Craft Centre
▶ S. 81, westl. a 1

Auf halber Strecke zwischen dem Hafen für Kreuzfahrtschiffe und der Innenstadt von Bridgetown liegt das entzückend gestylte, in karibischen Pastell-Tönen leuchtende Shopping Village. Neben vielen internationalen Konsumartikeln zu moderaten Preisen gibt es auch typisches Kunsthandwerk aus Barbados. Tipp: naive karibische Malereien.
Princess Alice Hwy.

AM ABEND

Nach Einbruch der Dunkelheit verwandelt sich die Einkaufsstraße Baxter's Road in das Ausgehviertel von Bridgetown. Bis 3 Uhr morgens brutzeln hier kleine Restaurants und Straßenköche Fische und Hummer am Grill, dazu wird Baxter's, das lokale Bier, getrunken und natürlich Rumpunsch ausgeschenkt.

STRÄNDE

St. James, der kleinste der elf Verwaltungsbezirke von Barbados, nördlich von Bridgetown gelegen, ist das feinste Urlaubsgebiet der Insel mit herrlichen breiten Sandstränden und Fünf-Sterne-Hotels. Platinküste (engl. **Platinum Coast**) nennen die Einheimischen diesen Küstenabschnitt. Da die Strände von Barbados alle öffentlich zugänglich sind, können Sie entlang der Buchten von einem Hotel zum anderen spazieren, u.a. auch zum Sandy Lane.

SERVICE
AUSKUNFT
Tourist Office ▶ S. 81, westl. a 1
Harbour Road • Tel. 2 46/4 27 26 23

Ausflüge

◎ Andromeda Botanical Gardens ▶ S. 137, B 3

Ihren Namen verdanken die tropischen Gärten gleich oberhalb der Klippen des alten Fischerdorfes **Bathsheba** der griechischen Mythologie, ihre Gestaltung Iris Bannochie. Die leidenschaftliche Gärtnerin schuf 1954 mit Pflanzen aus allen Teilen der Erde den Grundstock für die 24 qkm große Parkanlage, heute im Besitz des Barbados National Trust. Berühmt sind die Gärten für ihre Sammlung seltener Orchideen und Hibiskus-Arten. Das »Hibiskus Café« gleich am Eingang ist ein friedvoller Ort für einen Limettensaft.
Foster Hall, Highway 3 • www.andromeda.cavehill.uwi.edu • tgl. 9–17 Uhr • Eintritt 20 BBD
23 km nordöstl. von Bridgetown

◎ Gun Hill Signal Station
▶ S. 137, B 4

Einen schöneren Blick über die Insel gibt es nirgends: Der im Jahr 1818 erbaute Signalturm, einer von sechs auf der Insel, bietet Panoramablicke über den Süden und Osten von Barbados.
Gun Hill, St. George • Mo–Sa 9–17 Uhr • Eintritt 10 BBD
ca. 12 km nordöstl. von Bridgetown

◎ Mount Gay ▶ S. 81, nördl. a 1

Die, nach eigenen Angaben, älteste Rumbrennerei – seit 1703 wird hier

Von Bridgetowns Hafen The Careenage (▶ S. 80) gelangt man in nur wenigen Schritten zum Trafalgar Square, dem zentralen Platz der Hauptstadt von Barbados.

Rum produziert – gehört zu den weltweit besten Destillerien. Mount Gay veranstaltet 45-minütige Führungen, bei denen Sie Einblick bekommen in die Kunst, aus Melasse, einem Abfallprodukt der Zuckergewinnung, Rum zu brennen. Nach der Tour durch die Lagerhalle und einem kurzen Film darf verkostet und gekauft werden. Mount Gay exportiert in über 60 Länder, die beste (und teuerste) Marke heißt »Mount Gay Eclipse«. Übrigens: Im James-Bond-Film »Casino Royale« (2006) orderte Agent 007 statt des üblichen Martini einen Mount Gay Rum mit Soda!
Mont Gay Rum Visitor Centre, Spring Garden Highway • www.barbados.org/mountgay.html • Mo–Fr 9– 15.45 Uhr • Eintritt 10 US-$ • 2 km nördl. von Bridgetown

◎ Oistins Fish Fry

▶ S. 137, B 5

Oistins heißt ein kleiner Fischerort an der Südküste der Insel. Hier leben nahezu alle Bewohner vom Meer,

MERIAN-Tipp

**BESUCH IN EINER RUM-
DESTILLE** ▶ S. 137, c 5

Die historischen Gebäude einer der ältesten Rumfabriken der Welt, inmitten von Zuckerrohrfeldern gelegen, wurden restauriert und Besuchern zugänglich gemacht. Auch eine Tour durch den modernen Abfüllbereich der Rum-Destille ist spannend. Anschließend darf gekauft werden.
Rum Factory & Heritage Park,
Four Square Plantation, Six Cross Roads, St. Philip • Tel. 2 46/
4 20 19 77 • Mo–Fr 9–16.30 Uhr •
Eintritt frei
21 km östl. von Bridgetown

---

nämlich als Fischer, Bootsbauer oder Händler. Freitags nach Sonnenuntergang verwandeln sich die bunten Bretterbuden des täglich stattfindenden Fischmarkts in vorzügliche Fischrestaurants. Es wird nach Herzenslust gebraten und gebrutzelt. Nehmen Sie Platz und bestellen Sie King- oder Flying Fish und Dolphin, eine Doradenart, und würzen wie die »Bajans« mit der feurigen Pepper Sauce.
Oistins
Fr ab 19 Uhr
6 km südöstl. von Bridgetown

◎ Villa Nova ▶ S. 137, B 4

An der Ostküste liegt das große ehemalige Plantagenhaus »Villa Nova«, das lange ein Luxushotel beherbergte. Das Great House wurde 1834 aus handbearbeitetem Korallenstein erbaut und liegt inmitten von Zuckerrohr-, Bananen- und Mangofeldern. 1965 erwarb der frühere britische Premierminister Sir Anthony Eden das Gebäude, wandelte es in ein Ferienhaus um und empfing hier ein Jahr später Queen Elizabeth II. und ihren Mann. Die Zukunft des Anwesens und die Art seiner Verwendung war Mitte 2014 noch ungewiss.
Venture, St. John
10 km nordöstl. von Bridgetown

◎ Welchman Hall Gully ▶ S. 137, B 4

Barbados schönster tropischer Garten: Eine 15 m tiefe und über 1 km lange Schlucht war einst ein unterirdischer Flusslauf, über dem die Kalksteindecke einbrach. Mitte des 19. Jh. pflanzten die damaligen Eigentümer Bäume aus allen Teilen der Erde. Palmen, meterhohe Farne, Muskatnussbäume und Bambus, Orchideen, seltene Schmetterlinge und Affen (»green monkeys«).
St. Thomas • www.welchman
hallgullybarbados.com • tgl. 9–16 Uhr • Eintritt 12 US-$
7 km nordöstl. von Bridgetown

CURAÇAO
▶ Klappe vorne, d/e 5

Karte ▶ S. 138/139

Die größte Insel der ehemaligen **Niederländischen Antillen** (160 000 Einwohner), 61 km lang und zwischen 5 und 13 km breit, verfügt über eine reiche historische Bausubstanz. Infolge großer Trockenheit ist Curaçao geprägt von Agaven, Dornsträuchern und meterhohen Kakteen sowie den Divi-Divi-Bäumen. Ein leichter, beständig wehender Wind macht das Klima (ganzjährig um 27 °C) gut erträglich. Ein wichtiger Wirtschaftsfaktor ist der internationale Fremdenverkehr. Besonders der Kreuzfahrttourismus ist von Bedeutung, auch deshalb, weil neben den landschaftlichen und kulturellen Sehenswürdigkeiten der Karibikinsel Preise und Warenangebot in der Hauptstadt Willemstad ihresgleichen suchen.

Willemstad ▸ S. 138/139, C/D 5

150 000 Einwohner
Stadtplan ▸ S. 87

Die Hauptstadt Curaçaos – 1998 in die UNESCO-Liste des Welterbes aufgenommen und gern als »Amsterdam der Karibik« porträtiert – zeigt schöne Beispiele altholländischer kolonialer Architektur. Willemstad wird durch den Meeresarm Sint Annabaai, der tief in das Land reicht und den Hafen, genannt »Schottegat«, bildet, in zwei Teile getrennt: Punda auf der östlichen Seite der Bucht ist das eigentliche Herz der Stadt; hier finden Sie Geschäfte und Cafés, untergebracht in historischen Giebelhäusern, und hier befindet sich auch der lang gestreckte Hafen. Otrobanda, die »andere Seite«, ist ein nahezu intaktes Beispiel altholländischer Wohnkultur in der Karibik. Von der Sint Annabaai zweigt der Meeresarm Waalgat in östliche Richtung ab und begrenzt Punda an dessen Nordseite. Kreuzfahrtschiffe legen im **Hafen** in der Hauptstadt hinter der historischen Koningin Emmabrug an.

SEHENSWERTES

Curaçao Sea Aquarium 🐟
▸ S. 139, D 6

Die artenreiche Unterwasserwelt Curaçaos trockenen Fußes kennenlernen: Etwa 400 unterschiedliche Arten von Meeresbewohnern (neben farbenprächtigen tropischen Fischen, die die Korallenriffe bevölkern, auch Haie und Stachelrochen) sind in Dutzenden von großen Aquarien untergebracht, daneben leben hier Seelöwen, Pelikane und Meeresschildkröten. Angeboten werden auch Tauch- und Schnorchelgänge. Das Sea Aquarium liegt direkt am Meer und bietet beste Infrastruktur (Sonnenschutz, Cafés, Restaurants, Süßwasserduschen) für einen anschließenden erholsamen Strandaufenthalt.

Sea Aquarium Beach • www.curacao-sea-aquarium.com • tgl. 8–17 Uhr • Eintritt 21 US-$, Kinder 11 US-$
3 km südöstl. von Willemstad

Fort Amsterdam ▸ S. 87, b 2

Das gewaltige Befestigungsbauwerk – das mächtigste der ABC-Inseln – liegt in herausragender Stellung an der Hafeneinfahrt. Das 1635 im Auftrag der West India Company erbaute Fort besitzt vier Bastionen, die aus Korallenstein und natürlichen Felsen errichtet wurden und ein unregelmäßiges Rechteck formen. Aus unterschiedlichen Epochen stammende Verwaltungsgebäude erstrecken sich heute entlang der Mauern und formen eine einheitliche Häuserflucht.

Handelskade, Punda • Mo–Sa 9–12, 14–17 Uhr • Eintritt frei

Fortkerk ▸ S. 87, b 2

Die protestantische Fortkirche stammt aus dem 17. Jh. und beeindruckt durch ihre schlichte äußere Gestaltung, die sich auch im Inneren fortsetzt. Eine imposante doppelte Freitreppe führt in die Kirche, die

mit ihrem roten Satteldach erst auf den zweiten Blick als Gotteshaus erkennbar ist und auch ein kleines Museum beherbergt.
Fort Amsterdam • www.fortchurch curacao.com • Mo–Sa 9–12, 14–17 Uhr, So 9.30 Uhr (Messe)

Koningin Emmabrug ▶ S. 87, b 2
In Willemstad muss jeder Besucher einmal über die »Swinging Lady« laufen, das Wahrzeichen der Stadt. Die Koningin Emmabrug (auch Queen Emma Bridge genannt), eine schwimmende Brücke, die ursprünglich 1888 errichtet wurde und auf 182 m die Sint Annabaai überquert, verbindet die beiden Stadtteile Punda und Otrobanda miteinander. Die auf Pontons schwimmende Brücke wird täglich mehr als ein Dutzend Mal geöffnet, wenn Schiffe passieren. Während dieser Zeit weichen Passanten auf die dann verkehrenden kostenlosen Fährschiffe aus.
Zwischen Handelskade (Punda) und De Rouvilleweg (Otrobanda)

Synagoge Mikve Israel-Emanuel
▶ S. 87, c 2
Die in Punda stehende Synagoge »Hoffnung Israels« (Mikve Israel) stammt von 1732 und ist die älteste der westlichen Welt. Die ersten Juden kamen 1651 auf der Flucht vor der portugiesischen Inquisition in Brasilien nach Curaçao. Mit mehr als 2000 Gläubigen gehörte die jüdische Gemeinde der Insel damals zu den größten Amerikas. Heute zählt die Gemeinde nur noch einige Hundert Mitglieder, da viele Mitte des 19. Jh. in die USA emigrierten. Eine Dokumentation ihrer Geschichte zeigt das gegenüberliegende Jüdische Museum. Ungewöhnlich im Synagogeninneren ist der weiße Sand, der den Boden bedeckt, Symbol für die Wüste Sinai, die einst durchquert wurde.
Hanchi di Snoa 29, Punda • www.snoa.com • Mo–Fr 9–16.30 Uhr • Eintritt 10 US-$

MUSEEN
Curaçao Museum
▶ S. 87, westl. a 1
Das größte Museum der Insel ist in einem von der Königlich-Holländischen Armee als Militärkrankenhaus 1853 errichteten Gebäude. Historisches Mobiliar der Niederländischen Antillen, antike Seekarten und Werke lokaler Künstler.

MERIAN-Tipp

LIKÖR AUS CURAÇAO

In Curaçao kauft man den weltberühmten, süß-bitteren Orangenlikör Curaçao, den es in diversen Geschmacksrichtungen und Farben gibt. Zum Mixen verwendet man blaue und grüne Sorten, pur und mit Eis trinkt man Curaçao-Orange. Der auffällig gefärbte Likör wird aus bitteren, ungenießbaren Orangen (Pomeranzen) hergestellt, deren Schalen seit Mitte des 19. Jh. auf der Insel zu einem köstlich schmeckenden Orangenlikör destilliert werden. Die alten Kupferkessel sind noch immer in Betrieb, und der Likör ist in allen Bars und Restaurants bedeutender Bestandteil tropischer Cocktails. In den Geschäften von Willemstad können Sie Curaçao, in kunstvollen Flaschen abgefüllt, kaufen.

Van Leeuwenhoekstraat, Otrobanda • www.thecuracaomuseum.com • Di–Fr 8.30–16.30, Sa 10–16 Uhr • Eintritt 7 US-$

Kurá Hulanda Museum ▶ S. 87, b 2

Das anthropologische Museum widmet sich vor allem der afrikanischen Kolonialgeschichte.
Klipstraat 9, Otrobanda • www.kurahulanda.com • Mo–Sa 8.30–16.30 Uhr • Eintritt 10 US-$

SPAZIERGANG

Stadtplan ▶ S. 87

Vom **Cruise Ship Terminal** am Otrobanda-Ufer gehen Sie die Straße De Rouvilleweg südwestlich und überqueren die Koningin Emmabrug nach Punda. Entlang der Straßen finden sich noch viele aus dem 18. und 19. Jh. stammende Bauwerke in karibisch-holländischem Stil. Entlang der Küste und der **Sint Annabaai** sehen Sie besonders schöne Beispiele. Von der Hafenpromenade **Handelskade** in Punda gehen Sie in südlicher Richtung an der **Emma-Brücke** vorbei, umrunden das **Fort Amsterdam**, spazieren an der südlichen Punda-Küste entlang und kehren über die **Heerenstraat** zurück zum Ausgangspunkt. Im Stadtteil **Otrobanda** überwiegen große, repräsentative Häuser, die sich mit winzigen, oft nur zwei Zimmer zählenden Häuschen abwechseln. In der **Gravenstraat** schirmen hohe Mauern die Gebäude ab, während in der sich anschließenden **Bajonetstraat** die Häuser in einer Farbkomposition aus Rosa, Gelb und Mintgrün das Auge erfreuen.
Dauer: 1–2 Stunden

ESSEN UND TRINKEN

Bistro le Clochard ▶ S. 87, a 2

Gewölbe oder Terrasse? • Kein Bistro, sondern ein vorzügliches französisch-schweizerisches Restaurant

in fantastischer Lage in einem Teil eines historischen Forts, nämlich der einstigen Regenwasserzisterne; beliebt auch zur täglichen Happy Hour (17–19 Uhr) auf der Terrasse mit Blick auf den Hafen und die Häuser von Willemstad.
Rif Fort, Unit 1, Otrobanda • Tel. 09/ 4 62 56 66 • www.bistroleclochard. com • tgl. 12–15, 18–23 Uhr • €€€

Rijsttafel Indonesia ▸ S. 139, D 5

Indonesische Spezialitäten • Zu einer typischen indonesischen Reistafel gehören etwa ein Dutzend unterschiedliche Gemüse, Fleisch- und Fischcurrys, die mit Reis, diversen Saucen und knusprigem Fladenbrot verzehrt werden. Am besten, man bestellt in größerer Runde, dann profitiert jeder von der größeren Auswahl der offerierten Gerichte.
Mercuriusstraat 13, Salinja, nahe Bottelier • Tel. 09/4 61 26 06 • Di–So 12–15, 18–22 Uhr • €€
3 km südöstl. von Willemstad

EINKAUFEN

Haupteinkaufsstraße des Stadtteils Otrobanda, dessen Mode-, Schmuck- und Kosmetikboutiquen von Kreuzfahrtpassagieren stark besucht werden, ist die in Ost-West-Richtung verlaufende Breedestraat.

Floating Market ▸ S. 87, b 2

Die ganze Palette tropischer Früchte, dazu Gewürze, Fisch und Gemüse werden von Venezolanern von ihren Booten aus verkauft – ein farbenfrohes Treiben, das auch die Fotografen anlockt. Das tägliche Spektakel startet bereits am frühen Morgen und zieht sich bis in den Nachmittag hinein.
Sha Caprileskade, Waalgat-Ufer, Punda

Penha ▸ S. 87, c 2

Das 1708 in bester Lage an der Sint Annabaai errichtete Giebelhaus im holländischen Kolonialstil und mit auffälligen weißen Stuckverzierungen bietet auf zwei Etagen Parfüms und Designermode für Damen und Herren (darunter Labels wie Calvin Klein, Donna Karan, Armani).
Heerenstraat 1, Punda, bei der Pontonbrücke

STRÄNDE

Statt langer, breiter Sandstrände bietet Curaçao eine Vielzahl kleiner und kleinster Buchten. Westlich von Willemstad liegen zu den Hotels gehörende Strände, auch für Nicht-Hotelgäste zugänglich. Weißen Sandstrand, Palmen und türkisblaues Wasser, dazu hervorragende Infrastruktur, bietet der zum **Sea Aquarium** gehörende Strand östlich von Willemstad. Ebenfalls zum Schnorcheln und Tauchen lädt der fantastische **Curaçao Underwater Marine Park** (▸ S. 89) östlich von Willemstad ein.

SERVICE
AUSKUNFT

Curaçao Tourist Board ▸ S. 87, c 2

Pietermaaiweg 19 • Tel. 09/4 34 82 00 • www.curacao.de • Informationskiosk an der Emma-Brücke in Punda

Ausflüge

◎ Christoffel National Park
▸ S. 138, A 2

Divi-Divi-Bäume, Bromelien, seltene Kakteen und Orchideen, dazu wilde Ziegen, Esel und ungezählte

»Swinging Lady« von Willemstad: Die auf Pontons schwimmende Koningin Emmabrug (▶ S. 86) verbindet die Stadtteile Punda und Otrobanda.

tropische Vögel: Der im äußersten Norden der Insel (etwa 1 Std. Taxifahrt) liegende und 1860 ha große Nationalpark gibt einen vorzüglichen Einblick in die landschaftlichen Schönheiten der Insel. Hier erhebt sich auch der **Sint Christoffel**, mit 369 m die höchste Erhebung der Niederländischen Antillen, den Sie mit festem Schuhwerk in ein paar Stunden bezwingen können. Oben angekommen, genießt man einen herrlichen Blick bis zum Meer, an klaren Tagen auch bis Aruba und Bonaire. Ein kleines Museum im Park, untergebracht im ehemaligen Plantagenhaus Savonal, besitzt Terrarien mit Leguanen und anderen Reptilien und zeigt präkolumbische Exponate der einstigen Siedler. Angeboten werden auch begleitete, mehrstündige Ausritte sowie Jeep-Touren durch den Park.

Savonet, Eingang an der Straße nach Westpunt • www.christoffelpark.org • Mo–Sa 8–16, So 6–15 Uhr • Eintritt 12 US-$
45 km nordwestl. von Willemstad

◎ Curaçao Underwater Marine Park ▶ S. 139, D/E 6

Ein etwa 20 km langes, intaktes Korallenriff, bevölkert von farbenprächtigen tropischen Fischschwärmen, Haien und Schildkröten: Der geschützte, 1983 gegründete Meerespark östlich von Willemstad ist das Ziel zahlreicher organisierter Tauchausflüge und eine der größten natürlichen Attraktionen der Insel. Für Schnorchler gibt es eigens markierte Routen, die zu den besten Plätzen führen; Taucher halten u. a. nach versenkten Schiffswracks Ausschau.
15 km östl. von Willemstad

GRENADA

▶ Klappe hinten, d 4

Karte ▶ S. 144

Die »Gewürzinsel« Grenada, die südlichste der Leeward Islands, der »Inseln über dem Wind«, weckt Gedanken an farbenprächtige Märkte, auf denen Kakao, Zimt, Muskatnüsse und Vanilleschoten verkauft und in alle Welt exportiert werden. Die fruchtbare Insel bezaubert auch landschaftlich mit üppigen Regenwäldern und steil aufragenden Bergen, dem Vulkan **Mount Qua Qua**, Kraterseen und Wasserfällen sowie einer Mischung aus hellen und dunklen Sandstränden. Grenada, dessen Bevölkerung hauptsächlich afrikanischer Abstammung ist, wurde 1498 von Kolumbus als erstem Europäer gesichtet. 1877 wurde die Insel britische Kolonie, der Anbau von Gewürzen florierte. 1974 bekam die Insel ihre Unabhängigkeit und ist Mitglied des **Britischen Commonwealth**.

St. George's ▶ S. 144, A 3

35 000 Einwohner
Stadtplan ▶ S. 93

Die im 18. Jh. gegründete Inselhauptstadt St. George's bezaubert mit ihren terrassenförmig ansteigenden Häusern zwischen Palmenwäldern und dem Meer – sicherlich eine der schönsten Inselhauptstädte der Karibik. Grenada ist ein beliebter Hafen für Kreuzfahrtschiffe, die am **Melville Street Cruise Terminal** im Westen von St. George's (beim Market Square) oder am Südosteingang des hufeisenförmigen Hafenbeckens anlegen. Negative Schlagzeilen machte ein neues Gesetz: Urlauber können danach mit 200 € Geldbuße für »unzüchtiges Entblößen« bestraft werden, wenn sie im Bikini oder Badehose außerhalb des Strandes angetroffen werden. Kreuzfahrtgäste werden bei zu spärlicher Bekleidung auf das Schiff zurückgeschickt.

SEHENSWERTES

Marktplatz 🍴🍴 ▶ S. 93, a 2

Täglich bieten ab Sonnenaufgang auf dem großen Platz inmitten der Stadt die Händler, oft Frauen, die ganze tropische Fülle ihrer Insel dar. Vor der Sonne durch Planen und Sonnenschirme geschützt, sind nicht nur die auch in Europa bekannten Gewürze ausgebreitet, sondern auch exotische Varianten wie duftende Bergamotte und gelbe Yamswurzel. Die angebotenen »spice baskets« enthalten ein gutes Dutzend unterschiedlicher Gewürze, hübsch drapiert in einem Korb verpackt. Besonders reichhaltig ist das Marktangebot an Samstagen.
Market Square

> ### WUSSTEN SIE, DASS ...
> ... auf der Flagge von Grenada eine Muskatnuss abgebildet ist? Muskat ist das Hauptexportgut der Insel, und Grenada ist der zweitgrößte Produzent der Welt.

SPAZIERGANG

Stadtplan ▶ S. 93

Ein kleiner Rundgang beginnt gleich, sobald Sie das Schiff verlassen haben. Das **Cruise Ship Dock** liegt am östlichen Hafeneingang, von dort spaziert man auf der östlichen Seite des hufeisenförmigen Hafens **The Carenage** auf der **Wharf**

Road. Hier erinnern historische, aus roten Ziegelsteinen erbaute Lagerhäuser an die britische Kolonialzeit. Die restaurierten Gebäude beherbergen heute Cafés, Boutiquen und Restaurants. Im Hafen sehen Sie mitunter auch ältere Frachter, die zwischen der Nachbarinsel Carriacou und Grenada verkehren und Obst und Gemüse transportieren. Vorbei an der Touristeninformation geht es bis zur **Young Street**, auf der man in die Altstadt und zum **National Museum** gelangt. Südlich des Museums liegt auf einer Halbinsel das alte **Fort George**, um das ein Weg herumführt und einen Rundblick über den Hafen, die Altstadt und die St. George's Bay erlaubt. Anschließend spazieren Sie am Meer entlang auf der Melville Street nach Norden bis zum **Market Square.**
Dauer: 1,5 Stunden

MUSEUM
Grenada National Museum
▶ S. 93, b 2

In einem Gebäude der französischen Armee, das auf das frühe 18. Jh. zurückgeht und einst als Gefängnis und Lagerhaus diente, sind Ausgrabungen, riesige Muscheln und Versteinerungen zu sehen, eine Dokumentation über das Leben der aus Südamerika stammenden karibischen Urbevölkerung sowie antikes Mobiliar und Exponate aus der Kolonialzeit. Stolz des Museums ist eine Badewanne aus Marmor, in der einst Joséphine Bonaparte, die französische Kaiserin, während ihrer Jugendtage auf Martinique gebadet haben soll. Ferner sind die Kupferkessel zu sehen, in denen der Zuckerrohrsaft verarbeitet wurde.
Young Street • Mo–Fr 9–16, Sa 10–13 Uhr • Eintritt 5 US-$

Die Muskatnuss ist Wahrzeichen und Hauptexportartikel der Insel Grenada (▶ S. 90) zugleich. Europäern ist zwar der Kern vertraut, selten aber die ganze Frucht.

ESSEN UND TRINKEN

La Belle Creole ▸ S. 144, A 3

Gourmet-Küche im Garten • Kürbis-Ingwer-Suppe, Lammkeule mit Süßkartoffeln und als Dessert »Lime Meringue Pie«: Mit Ausblick auf die Grande Anse Bay liegt die Villa im repräsentativen westindischen Kolonialstil, in der beste internationale Küche mit kreolischem Akzent serviert wird.
Blue Horizons Garden Resort, Morne Rouge • Tel. 4 73/4 44 43 16 • www.grenadabluehorizons.com • tgl. 7.30–10, 12.30–14.30, 19–21 Uhr • €€€
6 km südl. von St. George's

Patrick's Local Homestyle Restaurant ▸ S. 93, südl. c 2

Überraschungsmenü • »Ginger pork« (Schweinefleisch mit Ingwer) oder »breadfruit fritters« (frittierte Brotfrucht): Erwarten Sie keine Speisekarte, denn was Inhaber Patrick Levin auf der Veranda seines entzückenden Restaurants am Hafen den Gästen kredenzt, wechselt fast täglich. Spezialität ist das 20-gängige »Tasting Menu«, ein kulinarischer Spaziergang über die Insel. Reservierung ratsam!
Lagoon Road • Tel. 4 73/449-72 43 • tgl. 19–23 Uhr • €€

EINKAUFEN

Der in Grenada beliebteste Rum ist der hochprozentige River Antoine, dessen goldene Farbe durch mehrjährige Lagerung und die Zugabe von Gewürzen zustande kommt.
Nur auf Grenada erhältlich ist die aus dem Fruchtfleisch der Muskatnuss (»nutmeg«) gewonnene Marmelade. Typische Mitbringsel sind zudem Naturkosmetika (u. a. »Arawak Islands«) sowie Schmuck aus Gold oder Silber, mit Muscheln und tropischen Samen kombiniert.

STRÄNDE

Zu den schönsten Stränden gehört **Grand Anse Beach** mit seinem 3 km langen, weißen Strand und ruhigem, türkisfarben schimmerndem Meer (3 km südlich von St. George's). Mehrere Hotels haben sich entlang der weiten Bucht niedergelassen. Strandrestaurants sorgen für das leibliche Wohl. Südlich schließen sich die ebenfalls beliebten Strände von **Morne Rouge Bay** und **Petit Cabrits** an. Durch den nahe gelegenen Point Salines International Airport im Süden Grenadas muss jedoch mit Fluglärm gerechnet werden.

SERVICE
AUSKUNFT
Grenada Board of Tourism
▸ S. 93, b 2
Burns Point • Tel. 4 73/4 40 20 01 • www.grenadagrenadines.com

Ausflüge

◎ Annandale Falls und Seven Sisters Waterfalls ▸ S. 144, B 2

Grenada besitzt mehr als ein Dutzend Wasserfälle. Etwa 9 km nordöstlich von St. George's liegen westlich der Grenville Road nahe des Dorfes **Constantine** inmitten einer üppigen Vegetation die herrlichen **Annandale Falls**, die mit öffentlichen Bussen bequem erreichbar sind. Einheimische springen von den Felsen in das Wasser, andere baden oder veranstalten ein Picknick.
Für ihre Schönheit berühmt sind auch die **Seven Sisters**, deren Besuch sich zudem gut mit einer Tour durch den Nationalpark verbinden lässt. Ein etwa 1,6 km langer Wan-

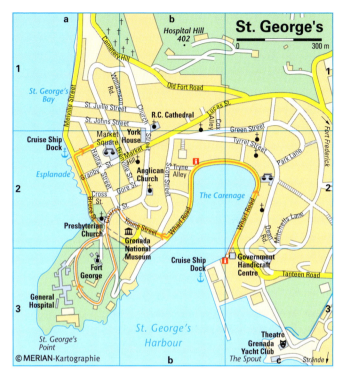

derweg führt vorbei an Gewürzplantagen und Bananenstauden. Die Fälle ergießen sich in kleine Seen, die auch zu einem erfrischenden Bad genutzt werden können. Nicht weit davon, aber etwas versteckt befinden sich die sogenannten **Honeymoon Falls**, ein bevorzugter Ort von Flitterwöchnern.

Annandale Falls, Grenville Road
ca. 9 km nordöstl. von St. George's

◎ Grand Étang ▶ S. 144, B 2

Eine Tour entlang der River Road zu dem nur wenige Kilometer von der Hauptstadt entfernten Nationalpark führt in den Regenwald und zu einem von dichtem tropischen Grün und in hellem Blau leuchtenden Kratersee in 530 m Höhe. Während es auf den anderen Karibikinseln zwar Vulkane, jedoch keine Kraterseen gibt (mit Ausnahme von Dominica), hat Grenada gleich drei davon: Der 15 ha große Grand-Étang-Kratersee ist der größte, und zahlreiche geheimnisvolle Geschichten ranken sich um das Gewässer. Schmale Pfade führen durch die Umgebung. Immer wieder begegnet man Mona-Affen, einst aus Westafrika auf die Insel gebracht. Ein »Welcome Center« mit Pavillons am See bietet auch geologische und geografische Informationen über den Park.

Grenville Road • Besucherzentrum
tgl. 8–16 Uhr • Eintritt 2 US-$
15 km nordöstl. von St. George's

Palmen, die sich sanft im Wind wiegen, und Sand, so fein wie Puderzucker: Der Grand Anse Beach (▶ S. 92) verheißt paradiesische Ferientage.

◉ Gen Norden ▶ S. 144, A 2

Von Bucht zu Bucht windet sich die Küstenstraße in teils engen Kurven entlang der steil abfallenden Westküste bis ins 13 km entfernte **Concord**. Hier zweigt eine Straße ab nach Osten und führt, von Bananenstauden und Palmen gesäumt, zu den **Concord Falls** des Black River. Vom ersten Wasserfall wandert man durch Muskatnuss-Wälder am Fluss entlang zum zweiten Wasserfall. Inmitten dichter Vegetation ergießt sich das Wasser aus etwa 10 m Höhe in ein natürliches Bassin. Von Concord geht es weiter entlang der Küste in den Fischerort **Gouyave**, dessen Bewohner heute hauptsächlich von der Kultivierung von Muskatnussbäumen leben. Ein Besuch führt zum **Dougaldston Estate**, einst die größte Gewürzplantage der Insel. Heute sind dort noch etwa ein Dutzend Männer und Frauen beschäftigt. Besucher führt man umher und zeigt ihnen die Verarbeitung von Muskatnüssen, Zimtstangen, Vanilleschoten und Kakaobohnen (Mo–Fr 9–16 Uhr, Eintritt 6 US-$).

GUADELOUPE
▶ Klappe hinten, d 2

Karte ▶ S. 142/143

»Karukéra«, die Insel der schönen Wasser, nannten die ersten Siedler das Eiland in Form eines Schmetterlings. »La Rivière Salée«, der Salzfluss, trennt die beiden Inselhälften, die geologisch höchst unterschiedlich sind – man glaubt, zwei verschiedene Inseln vor sich zu haben. Der Westteil **Basse-Terre** entspricht dem Postkartenbild einer tropischen Insel; Einsame Felsbuchten wechseln mit weiten Sandstränden ab, das Wasser schimmert in hellem Türkis und Ultramarin. Tropische Regenwälder, der Vulkan **La Soufrière** (1467 m) und Bananenplantagen bestimmen Basse-Terre. **Grande-Terre** hingegen schiebt sich als flache Kalksteinscheibe gen Nordosten, ein regenarmes und felsiges Gebiet, umgeben von Korallenriffen, mit den schönsten Stränden der Insel und vielen Hotels.

Südlich der Insel liegen die zum Département Guadeloupe gehörenden **Îles des Saintes**, acht Inselchen, nur zwei sind bewohnt. Von Pointe-à-Pitre gelangt man per Schnellboot in 30 Min. nach **Le Bourg**, Hauptort des Archipels auf der Insel **Terre-de-Haut**. Inselsprache ist Französisch, untereinander sprechen viele der Bewohner (80 % sind Nachfahren der einstigen afrikanischen Sklaven) einen kreolischen Dialekt. Mit den anderen **Französischen Antillen** (Martinique, Saint-Martin, Saint-Barthélemy) ist Guadeloupe **französisches Übersee-Département**. Die Bewohner besitzen einen französischen Pass, genießen Wahlrecht und haben den Euro als Zahlungsmittel.

Pointe-à-Pitre

▶ S. 142/143, C/D 3

100 000 Einwohner

Die »Hauptstadt« und das wirtschaftliche Zentrum Guadeloupes ist Pointe-à-Pitre, der Verwaltungssitz hingegen ist Basse-Terre. Pointe-à-Pitre liegt da, wo die beiden Inselhälften an der von Mangroven gesäumten **Rivière Salée** aneinanderstoßen. Das kulturelle Zentrum der Insel wirkt – auch im Vergleich zu Fort-de-France auf der Schwesterinsel Martinique – sympathisch provinziell.

MUSEEN
Musée Saint-John Perse

Dem Dichter und Nobelpreisträger Alexis Saint-Léger (1887–1975) gewidmet, der seine Werke unter dem Pseudonym Saint-John Perse veröffentlichte und darin seine Kindheit auf Guadeloupe poetisch verarbeitete. Allein das Museumsgebäude, eines der prächtigsten kolonialen Herrenhäuser der Insel, umgeben von umlaufenden schmiedeeisernen Veranden und ausgestattet mit antiken Plantagenmöbeln, ist einen Besuch wert.

9, rue Nozières • Mo–Fr 9–17, Sa 8.30–12.30 Uhr • Eintritt 2,50 €

Musée Schoelcher

Im rosafarbenen kolonialen Palast, umgeben von hohen Königspalmen, lebte für kurze Zeit auch **Victor Schoelcher** (1804–1893). Der Sohn eines französischen Porzellanfabrikanten wurde bei einem Besuch in der Karibik tief ergriffen von der Sklaverei und widmete sein Leben fortan deren Abschaffung. Neben einer Dauerausstellung über Schoelcher sind auch Bilder heimischer Künstler und Porzellan von Marc Schoelcher, dem Vater von Victor Schoelcher, zu sehen.

24, rue Peynier • Mo–Fr 9–17 Uhr • Eintritt 2 €

SPAZIERGANG

Kreuzfahrtschiffe legen an der **Gare Maritime** und am **Centre Saint-John Perse** an der Ostseite des Hafens La Darse im Zentrum von Pointe-à-Pitre an. Von der **Place de la Victoire**, umgeben von Königspalmen und Flamboyant-Bäumen und gesäumt von Cafés und Restaurants, schauen Sie auf den alten

Hafen **La Darse**, Abfahrtsstelle der Boote nach Marie-Galante und Les Saintes. Nach einem Bummel über den Platz schlendert man über den kleinen, werktags stattfindenden Obst- und Gemüsemarkt **Marché de la Darse**, ein beliebtes Fotomotiv am Hafenbassin. Wenn man einen Einkauf tätigt, sind die Marktfrauen auch gern bereit, sich in Positur zu stellen. Auch Stoffpuppen in landestypischem Madras-Karo und riesengroße Körbe werden verkauft. Über die Rue Alexandre Isaac am nördlichen Ende des Platzes gelangt man zur Kirche **St-Pierre-et-St-Paul**, 1871 an der Stelle dreier durch Erdbeben zerstörten Vorgängerkirchen erbaut und mit Eisen verstärkt.

Am Südende der Place de la Victoire liegt das sehenswerte **Musée Saint-John Perse**. Ein Stück weiter kommt man zum eigentlichen Herz der Stadt, dem farbenprächtigen **Marché Central**. Ein Juwel kolonialer Architektur ist das gegenüberliegende **Musée Schoelcher**.
Dauer: 1 Stunde

ESSEN UND TRINKEN
Le Pirate Caribéen
Kreolische Spezialitäten • Am Hafen gelegenes offenes Gartenrestaurant im Piratendekor mit Veranda und viel Grün; empfehlenswert: Langusten und Fischsuppe.
1, quay de la Marina • Tel. 5 90/ 90 73 00 • tgl. 12–15, 19–23 Uhr • €€

EINKAUFEN
Marché Central
Schwere Eisenpfosten tragen ein mit roten Ziegeln gedecktes Dach. Darunter haben die Marktfrauen ihre Stände aufgebaut. Mangos, Papayas und Muskatnüsse: die duftende Pracht der Karibik. Neben Hühnern und in Körbe geschichteten Langusten werden auch ganze Kräuterbün-

Papayas, Mangos, Bananen: Bei solch einer farbenfroh gewandeten Marktfrau macht das Einkaufen gleich noch mal so viel Freude.

del verkauft, Heilkräuter gegen alltägliche Beschwerden. Die schwarzen »pacotilleuses« (Händlerinnen) sind in prachtvolle Baumwollkleider und Röcke mit den traditionellen Madras-Karos gewandet.
Place Saint-Antoine, Rue Frébault/ Ecke Rue Peynier

> **WUSSTEN SIE, DASS …**
>
> … wegen des Fehlens einer Lebensmittelindustrie in Guadeloupe und Martinique Frachtflugzeuge täglich Nahrungsmittel aus Frankreich herbeibringen, die hier 80 % teurer sind?

AM ABEND
Casino de Gosier
Spieltische und Automaten, in kultivierter Atmosphäre.
Pointe de la Verdure, Gosier, 43 • Tel. 5 90/84 76 68 • So–Fr 10–3 Uhr
7 km südöstl. von Pointe-à-Pitre

SERVICE
AUSKUNFT
Comité du Tourisme des Îles de Guadeloupe
5, square de la Banque • Tel. 5 90/82 09 30 • www.lesilesde guadaloupe.com

Ausflüge

◉ Domaine de Valombreuse 🏠 🌿   ▶ S. 142, B 3/4

Die Ostseite von Basse-Terre wird erschlossen durch eine gut ausgebaute Küstenschnellstraße, die als N1 gen Süden verläuft. Westlich des Städtchens **Petit-Bourg** liegt der 14 ha große botanische Garten von Valombreuse (tgl. 9–18 Uhr, Eintritt 12 €), in dem nicht nur Hunderte verschiedene Pflanzenarten gedeihen, sondern auch eine Vielzahl von Vögeln nisten und zudem ein Gewürzgarten angelegt wurde.
Basse-Terre, Petit-Bourg • www. valombreuse.com
11 km südwestl. von Pointe-à-Pitre (N1)

◉ Parc National de la Guadeloupe und Vulkan La Soufrière 🌿   ▶ S. 142, B 4–5

Wunsch vieler Besucher ist es, den 1467 m hohen Vulkan La Soufrière (höchster Berg der Kleinen Antillen) zu besteigen. Dieser liegt in dem Nationalpark, der einen großen Teil von Basse-Terre einnimmt, und ist von der gleichnamigen Hafenstadt Basse-Terre aus (18 000 Einwohner) über die gut ausgebaute N1 zu erreichen, von dort aus windet sich eine Straße hinauf in die Berge und ins 6 km entfernte **St-Claude** und weiter nach **Matouba**. Vom 1142 m hohen, mit dem Auto über die »Maison du Volcan« zu erreichenden Aussichtspunkt Savane à Mulets führt der Pfad »Chemin des Dames« in etwa 1 Std. durch Bananenplantagen und üppige Vegetation zum aktiven Südkrater hinauf. Wenn die schwefeligen Dämpfe zunehmen, geht es durch eine karge Mondlandschaft zum Krater. An klaren Tagen ist der Ausblick von oben einzigartig, doch oft ist der Gipfel wolkenverhangen.

Reizvoll ist auch eine Wanderung zu den **Carbet-Wasserfällen**, ganz in der Nähe des Soufrière-Vulkans. In drei Stufen ergießt sich das Wasser die Felswände hinab. Wenn Sie eine entsprechende Vulkan-Tour buchen, achten Sie auf festes Schuhwerk! Beim Besuch von Wasserfäl-

len sollte man am besten ein weiteres T-Shirt dabei haben.
Basse-Terre
55 km südwestl. von Pointe-à-Pitre

⦿ Riviera ▶ S. 142/143, C/D 3

Die Route d'Argent (N4) führt von Pointe-à-Pitre entlang der sogenannten Riviera von Grande-Terre in östlicher Richtung zu den schönsten Stränden der Insel, gesäumt von Hotels, Wassersporteinrichtungen und Cafés. Unterwegs lohnt ein Besuch des **Aquarium de la Guadeloupe** (www.aquariumdelaguadeloupe.com, tgl. 9–18.30 Uhr, Eintritt 11,50 €) nahe des Jachthafens von Bas-du-Fort.

Zentrum der Riviera ist **Le Gosier** (kreolisch: Pelikan) mit der vorgelagerten **Îlet du Gosier**. Weiter östlich gelangt man nach **Ste-Anne**, einem Fischerdorf, das heute Urlaubsziel der »metros« (Festlandsfranzosen) ist. Für deren kulinarisches Wohl sorgen Strandcafés.
Grande-Terre, Route d'Argent
7 km östl. von Pointe-à-Pitre

MARTINIQUE
▶ Klappe hinten, d 3

Karte ▶ S. 145

»Madiana« (Blumeninsel) nannten die Arawak-Indianer ihre Insel, auf der ein gemäßigtes Tropenklima herrscht und alles üppig wächst. Martinique (80 km lang und 35 km breit) vereint französische Lebenskunst und kreolische, afrikanische Elemente – eine aufregende Mischung. Seitdem Martinique **französisches Übersee-Département** ist (1946), genießen die Bewohner die gleichen Bürgerrechte wie die Festlandsfranzosen. Der Lebensstandard ist hoch, die Wirtschaft abhängig von Frankreich. Trotz des fruchtbaren Bodens wird mehr als die Hälfte aller Nahrungsmittel aus Frankreich eingeführt.

Martinique ist französische Überseeregion, deshalb ist der Euro Zahlungsmittel, und EU-Bürger können mit dem Personalausweis einreisen.

Fort-de-France ▶ S. 145, A 4
135 000 Einwohner
Stadtplan ▶ S. 99

Kreuzfahrtschiffe ankern am **Pointe Simon Cruise Dock** im Westen des Hafens von Fort-de France südlich der Altstadt oder am **Quai des Tourelles** im Osten des Hafens. Vom Wasser aus bietet sich der schönste Blick auf den lang gezogenen, geschäftigen Hafen mit dem Fort St. Louis und den hinter der Stadt steil ansteigenden Pitons du Carbet.

Ein Drittel der Inselbevölkerung lebt in der größten Metropole der **Französischen Antillen**. Morgens duftet es nach frischen Baguettes, trifft man sich auf einen »café au lait« in den Straßencafés. Zeitungsjungen verkaufen »Le Monde« und die hiesige »France-Antilles«. Die Schaufenster der Patisserien sind verführerisch dekoriert. Doch die alten Kolonialhäuser tragen jene Spuren der Verwitterung, wie sie das tropische Klima mit sich bringt.

SEHENSWERTES
Musée de la Pagerie ▶ S. 145, A 4
Auf der alten Plantage wurde 1763 Marie Josephe Rose de Tacher de la Pagerie geboren, von der Bevölkerung hoch verehrt, obwohl sie ihren Gatten Napoleon als Kaiserin Frankreichs (ab 1796) zur Wiedereinfüh-

rung der Sklaverei auf Martinique bewegte. Im kleinen Museumsgebäude auf dem Gelände der in Ruinen liegenden Zuckerplantage sind Möbelstücke aus dem Besitz der Tochter eines Pflanzers ebenso wie Kopien von Briefen zu sehen. Ein Wirbelsturm hatte noch zu Lebzeiten Joséphines die Plantage ihres Vaters zerstört und ihm wirtschaftlichen Ruin beschert.

Trois Îlets, am südl. Ende der Bucht von Fort-de-France • Di–Fr 9–13, 14–17.30, Sa, So 9.30–12.30, 15–17 Uhr • Eintritt 5 €

MUSEEN

Bibliothèque Schoelcher

▶ S. 99, c 1

Schon weithin sichtbar erhebt sich eines der ungewöhnlichsten Jugendstilgebäude der Stadt: Die farbenfrohe und mit ägyptischen Säulen verzierte Metallkonstruktion mit verziertem Dach war der Pavillon der karibischen Kolonien auf der Pariser Weltausstellung 1887. Danach wurde er zerlegt und nach Martinique verschifft. Die darin untergebrachte Bibliothek beherbergt Bücher aus der Sammlung von **Victor Schoelcher**, einem auf den Inseln weithin bekannten Aktivisten gegen die Sklaverei, sowie zahlreiche seiner Schriften. Die Bibliothek wird auch für landeskundliche Ausstellungen genutzt.

21, rue de la Liberté • Mo 13–17.30, Di–Fr 8.30–17.30, Sa 8.30–12 Uhr • Eintritt frei

Musée Départemental d'Archéologie Précolombienne et de Préhistoire ▶ S. 99, b 2

Das beste Museum der Stadt: In einem weißen Kolonialstilgebäude, das einst die französische Heeresintendantur beherbergte, wird auf drei Etagen und anhand Tausender Exponate die Geschichte der Insel dokumentiert. Zu den wertvollsten Ausstellungsstücken gehören Originalskulpturen der Kariben und Arawak.

9, rue de la Liberté • Mo 13–17, Di–Fr 8–17, Sa 9–17 Uhr • Eintritt 4 €

SPAZIERGANG

Stadtplan ▶ S. 99

Die große **Place de la Savane** markiert das südliche Ende der Altstadt und reicht an zwei Seiten an das Hafenbecken. Im Nordwesten des Platzes bauen jeden Morgen Händlerinnen ihre Stände auf und verkaufen einheimisches Kunsthandwerk. Ein **Denkmal** erinnert an die 1763 auf einer Plantage in Martinique geborene Gemahlin von Napoleon Bonaparte und Kaiserin Joséphine. Entlang der Rue de la Liberté gelangen Sie westlich zunächst zum **Archäologischen Museum**, dann zur **Bibliothèque Schoelcher** . Bummeln Sie durch die zahlreichen kleinen Nebenstraßen, die von der Straße abgehen, und entdecken einige der alten, noch vorhandenen Kolonialgebäude, in denen Cafés und Restaurants, Buchhandlungen ebenso wie das Postamt untergebracht sind. Über die **Rue Victor Hugo**, Hauptgeschäftsstraße von Fort-de-France, gelangen Sie von der Place westlich zum **Canal Rivière Madame**, Domizil der Fischverkäufer und Gewürzhändler. In den Vormittagsstunden lohnt auf dem Weg auch ein Besuch des zentralen Gemüsemarktes in der **Rue Isambert**. Händlerinnen in Madras-Kostümen bieten neben Früchten auch Duftharze und Gewürze zum Kauf an. Den Rundgang beschließt man in einem der hübschen Cafés auf der Place de la Savane.

Dauer: 2 Stunden

> **MERIAN-Tipp** 5
>
> ### UNTER DEM VULKAN
>
> ▶ S. 145, A 2
>
> Infolge der Gluthitze geschmolzene Becher, eine im Moment der Katastrophe stehen gebliebene Uhr: Das kleine Museum zeigt Alltagsgegenstände vom Tag des Vulkanausbruchs, dem 8. Mai 1902, als eine gewaltige Druckwelle auf St-Pierre zuraste und den Ort in wenigen Sekunden dem Erdboden gleichmachte. Eine Fotodokumentation vom Ausbruch des Mont Pelée, bei dem 30 000 Menschen den Tod fanden, ergänzt die Sammlung.
> **Musée Volcanologique** • St-Pierre 30 km nördl. von Fort-de-France an der Westküste (N2)

ESSEN UND TRINKEN

La Belle Époque ▶ S. 99, nördl. b 1

Haute Cuisine • Französische Kochkunst mit tropischen Zutaten in einer mit Antiquitäten ausgestatteten Villa hoch über der Stadt. Eine der besten Adressen von Fort-de-France; eine gute Wahl sind die Drei-Gänge-Menüs.

97, route de Didier • Tel. 5 96/64 41 19 • Mo–Sa 12–15, 18–24 Uhr • €€€

Chez Carole ▶ S. 99, a 1

Authentische kreolische Küche • Hühnchen in Kokosmilch, »acras« (frittierte Fisch- oder Gemüsekrapfen) oder »feroce« (Avocado gefüllt mit Stockfisch und Gewürzen) werden in der quirligen Umgebung des Marktes aufgetischt. Darüber hinaus werden köstliche Mixgetränke (auch mit Rum) und Kokosmilch mit Früchten angeboten.

Marché Principal, Rue Isambert • Tel. 5 96/44 12 31 • Mo–Sa 11–22 Uhr • €

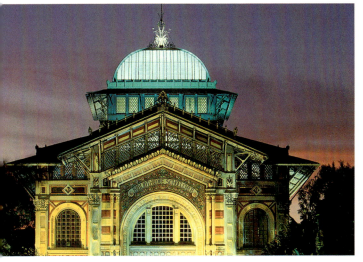

Dieser prachtvolle Jugendstilbau stand 1887 noch auf der Pariser Weltausstellung, heute beherbergt er die Bibliothèque Schoelcher (▶ S. 99) in Fort-de-France.

EINKAUFEN

Die beste Einkaufsstraße von Fort-de-France ist die Rue Victor Hugo. Hier finden Sie zahlreiche Boutiquen und auch einen Ableger des französischen Edelkaufhauses Galeries Lafayette. Zu den Rumsorten Martiniques gehören Clément Vieux (Simon Destillerie), Depaz und Saint James (Ambre Rhum).

STRÄNDE

Die schönsten Strände befinden sich südlich der Hauptstadt; beliebt sind die westlich von Trois-Îlets liegenden **Anse Mitan** und **Anse-à-l'Âne** sowie, ganz im Süden der Insel gelegen, die **Grande Anse des Salines**.

SERVICE

AUSKUNFT

Office du Tourisme ▶ S. 99, a/b 2
76, rue Lazare Carnot • Tel. 5 96/60 27 73 • www.tourismefdf.com

Ausflüge

◉ L'Habitation Latouche
▶ S. 145, A 2

Die 1643 gegründete Plantage gilt als älteste der Insel. Angebaut wurden Tabak, Kakao und Zucker. Beim Vulkanausbruch 1902 zerstört, überwucherte die tropische Vegetation die 10 ha große Plantage. Heute beherbergt sie einen tropischen Garten und neuerdings einen Zoo. Zwischen Palmen und Agaven sowie umherschwirrenden Kolibris und Schmetterlingen erkennt man Ruinen des einstigen Plantagenhauses.
Le Carbet, Anse Latouche • www.zoodemartinique.com • tgl. 9–18 Uhr • Eintritt 15,50 €
22 km nördl. von Fort-de-France

◉ Musée Paul Gauguin
▶ S. 145, A 2

1887 verbrachte der französische Maler Paul Gauguin mit seinem

»Kommen und Gehen« nannte Paul Gauguin (▶ S. 101) dieses Gemälde, zu dem ihn 1887 ein Aufenthalt in der Nähe von Le Carbet auf Martinique inspirierte.

Freund Charles Laval die Sommermonate in der Nähe von Carbet. Das in einem kleinen modernen Bauwerk untergebrachte Museum zeigt Kopien der Gemälde, die Gauguin auf Martinique malte (u.a. »Zwei Frauen von Martinique« und »Die Bucht von St. Pierre«), sowie Briefe, die Gauguin an seine Frau nach Dänemark schrieb.

Le Carbet, Anse Turin • tgl. 9–17.30 Uhr • Eintritt 5 €
18 km nördl. von Fort-de-France

St-Pierre ▶ S. 145, A 2

6000 Einwohner

Das »Paris der Antillen« nannte man die einstige Hauptstadt St-Pierre, die durch eine Naturkatastrophe vollständig ausgelöscht wurde. Als am 8. Mai 1902 der 1397 m hohe Vulkan Mont Pelée ausbrach, begrub er innerhalb weniger Sekunden unter seinen Lavamassen die blühende Kolonialstadt St-Pierre. Alle 30 000 Einwohner fanden den Tod, einzig der im Gefängnis einsitzende Cyparus konnte dank dicker Zellmauern überleben und wurde Zeuge der Tragödie. Das heutige St-Pierre ist eine eher unbedeutende Siedlung, in der nur noch die Freitreppe des einstigen Theaters und einige Gebäudereste an glanzvolle Zeiten erinnern.

20 km nördl. von Fort-de-France (N2)

NEVIS ▶ Klappe hinten, c 2

Karte ▶ S. 148

Über der Insel thront der fast 1000 m hohe Vulkankegel des erloschenen **Nevis Peak**, leider meist in Wolken. Christoph Kolumbus erinnerte diese Idylle während seiner zweiten Entdeckungsfahrt 1493 an schneebedeckte Berge, und er taufte die Insel auf den Namen »Nuestra Señora de las Nieves« (Unsere Herrin des Schnees). Zuckerrohr, das von afrikanischen Sklaven auf Plantagen bearbeitet wurde, trug zum Wohlstand der britischen Siedler bei. Nevis' Wirtschaft blühte und begründete den Ruf der Insel als »Queen of the Caribbean«. Erst die Abschaffung der Sklaverei förderte die Entstehung ausgedehnter Kokosnusshaine, da deren Unterhaltung weniger arbeitsintensiv war als die der Zuckerrohrfelder. Eine Flotte verband die kleine Insel mit Großbritannien und gewährleistete einen ständigen Austausch von Gütern.

Das knapp 93 qkm große Eiland (11 000 Einwohner), von der Hauptinsel **St. Kitts** nur 3 km entfernt, besitzt üppige Regenwälder und herrliche Sandstrände und ist zweifellos die schönere der beiden Inseln.

Charlestown ▸ S. 148, B 5
1900 Einwohner

Die verschlafen wirkende, 1660 gegründete Inselhauptstadt liegt an der Südwestküste. Bislang können im **Charleston Port**, im Zentrum der Hauptstadt, nur kleinere Schiffe anlegen – und so soll es nach den Plänen der Verantwortlichen auch bleiben. Man ist stolz darauf, dass sich auf Nevis ein kleiner und feiner Individualtourismus etabliert hat. Die Insel besitzt zahlreiche Plantagenhäuser, die zu außergewöhnlichen, stimmungsvollen Hotels umgestaltet wurden. Kreuzfahrtschiffe ankern gewöhnlich vor dem Hafen oder an der Küste vor **Pinney's Beach**, ein paar Kilometer nördlich der Hauptstadt, einem der schönsten Strände der Insel, und werden von dort zum zentralen Pier von Charlestown getendert.

MUSEEN
Alexander Hamilton Museum
Das kleine zweigeschossige Bauwerk aus dunklem Lavastein, in dem 1757 Alexander Hamilton geboren wurde, liegt am Meer und beherbergt heute ein Museum mit Erinnerungsstücken an den Gründungsvater der US-amerikanischen Verfassung.
Low Street • Tel. 8 69/4 69-57 86 • Mo–Fr 9–16, Sa 9–12 Uhr • Eintritt 5 US-$

Horatio Nelson Museum
Saddle Hill und Hurricane Hill, zwei kleinere Berge, dienten Admiral Horatio Nelson Mitte des 18. Jh. als Beobachtungsposten auf Nevis. Auf der Insel lernte er die verwitwete Frances Nisbet, Erbin der gleichnamigen Plantage, kennen und heiratete sie. Mit Erstausgaben von Nelson-Biografien, Gemälden, Glas und Porzellan aus dem persönlichen Be-

MERIAN-Tipp

MONTPELIER PLANTATION
▸ S. 148, C 5

Hier heiratete Lord Nelson 1787 seine Frances »Fanny« Nisbet. Das aus dem dunklen Vulkanstein der Insel erbaute ehemalige Plantagenhaus in einem tropischen Garten ist heute ein Hotel mit Terrassen-Restaurant und zeigt den feinen Lebensstil der Zuckerpflanzer. Viele Freizeitaktivitäten wie Golf, Tennis, Reiten, Tauchen, Kajak; Privatstrand.
Montpelier Plantation Hotel • Tel. 8 69/4 69-34 62 • www.montpeliernevis.com • €€€€
6 km südöstl. von Charlestown

sitz des Admirals gedenkt man des britischen Seehelden. Ebenfalls zu sehen sind Exponate zur präkolumbischen Kultur auf Nevis.
Belle Vue • Mo–Fr 9–16, Sa 9–12 Uhr • Eintritt 5 US-$

SPAZIERGANG

Ein Bummel durch den Ort führt zu Häusern mit vielfältigen »Gingerbread«-Schnitzereien (Zuckerbäckerstil). Am Samstag herrscht Hochbetrieb, da die gesamte Inselbevölkerung zum hiesigen Markt anzureisen scheint. Spazieren Sie die **Main Street** entlang, an deren westlichem Ende das Geburtshaus von **Alexander Hamilton** steht, heute ein Museum. Vorbei an zahlreichen kleinen Geschäften geht es wieder zurück entlang der Main Street und in die Prince William Street nach links, bis Sie zum **Jew's Burial Ground** gelangen, den Überbleibseln eines kleinen jüdischen Friedhofs, dessen Gräber aus dem 17. und 18. Jh. stammen, einer Epoche, während der auf Nevis aus Brasilien geflüchtete Juden eine Gemeinde bildeten. Weiter entlang der Main Street geht es, vorbei am **Grove Park Cricket Ground**, einem öffentlichen Platz, auf dem die Jugendlichen sich nach der Schule zum Spielen verabreden.
Dauer: 1 Stunde

ESSEN UND TRINKEN

Unella's by the Sea
Unübertroffene Aussicht • Einfach, rustikal, karibisch-herzlich: vom herzhaften englischen Frühstück zum frischen »Lobster« (Languste) und köstlichen Süßspeisen (Mango-Sorbets, Rumkuchen). Bei Unella treffen sich Hausfrauen, Weltenbummler und Prominente inkognito auf der Veranda im ersten Stock und mit Blick über das Meer.
Charlestown Waterfront • Tel. 8 69/4 69-55 74 • tgl. 9–22 Uhr • €€

EINKAUFEN

Nevis ist kein Einkaufsparadies. Die Geschäfte konzentrieren sich auf die Main Street. Die Nevis Handicraft Co-op Society, ebenfalls in der Main Street, lockt mit einer Auswahl origineller inseltypischer Souvenirs von einheimischen Künstlern.

STRÄNDE

Pinney's Beach (nördlich von Charlestown), ein über 6 km langer Strand mit goldgelbem Sand, Palmen und dem nebelverhangenen Vulkan am Horizont, verführt zum Bleiben. Einige Plantagenhäuser unterhalten private Strand-Cabañas für ihre Gäste und betreiben Beach Bars. Hochpreisig und edel sind die vom Four Seasons Hotel betriebenen Restaurants, Cafés und Wassersporteinrichtungen.

SERVICE

AUSKUNFT
Nevis Tourism Authority
Main Street • Tel. 8 69/4 69-75 50 • www.nevisisland.com

Ausflüge

◎ Four Seasons Golf Course
▶ S. 148, B/C 5

Der von Robert Trent Jones Jr. 1991 designte Kurs (18-Loch, Par 72) fordert auch erfahrene Golfer und überzeugt zudem als botanisches Paradies. Fantastische Ausblicke auf das Meer und die Nachbarinsel St. Kitts vom Green, dazu Ruinen historischer Zuckermühlen.

Four Seasons Hotel, Pinney's Beach • www.fourseasons.com/nevis/golf • Greenfee 130 US-$ (9-Loch) bzw. 205 US-$ (18-Loch)
3 km nördl. von Charlestown

◎ Nevis Peak ▸ S. 148, C 5

Das Wahrzeichen von Nevis, ein 995 m hoher, erloschener Vulkan im geografischen Zentrum der Insel, wird flankiert von den beiden Bergen **Saddle Hill** und **Hurricane Hill**. Mehrere Veranstalter bieten begleitete Hiking-Touren, die durch die unterschiedlichen Vegetationszonen der Insel führen. Der sogenannte Upper Round Road Trail ist ein über 14 km langer historischer Weg, der einst die Plantagen miteinander verband, heute von der Nevis Historical and Conservation Society unterhalten wird und zwischen dem Golden Rock Estate Hotel südöstlich des Vulkans und dem Nisbet Plantation Beach Club an der Nordostküste verläuft. Es ist auch möglich, den Trail auf einem von drei Teilstücken zu wandern.
6 km östl. von Charlestown

◎ Plantagenhäuser ▸ S. 148, C 5

Eine Attraktion von Nevis sind die zahlreichen historischen Plantagenhäuser, die heute Hotels und Restaurants beherbergen und auch Besuchern offen stehen. **Montpelier Plantation** (▸ MERIAN-Tipp, S. 103), einst das Zuhause von »Fanny« Nisbet und erbaut aus dunklem Lavagestein, gehörte im 17. Jh. zu den größten Zuckerplantagen. Ein tropischer Garten umgibt das Anwesen, heute ein stilvolles Hotel. Zur Plantage gehört auch ein botanischer Garten (www.botanicalgardennevis.com, Mo–Sa 9–16 Uhr, Eintritt 13 US-$), von US-amerikanischen Gartenenthusiasten

Blaue Oase vor tropischer Kulisse: Im luxuriösen Montpelier Plantation Hotel (▸ MERIAN-Tipp, S. 103) kann der Gast auf den Spuren von Lord Nelson wandeln.

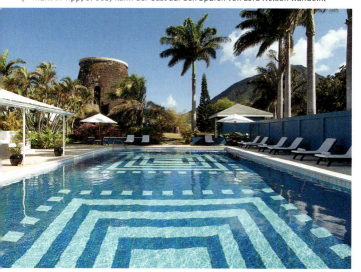

angelegt. Highlight ist u. a. ein Regenwald-Konservatorium, das diverse karibische Ökosysteme beherbergt, sowie zahlreiche Bromelien, Rosen und Orchideen. Nach einem Besuch der Gärten sollte man sich eine Erfrischung im eleganten Restaurant des Herrenhauses von Montpelier gönnen.

Auf der ehemaligen Plantage **Hermitage** (St. John Parish, Tel. 8 69/4 69-34 77, www.hermitagenevis.com) erwarben die Besitzer kleine, vom Verfall bedrohte Holzhäuschen mit zwei bis drei Zimmern, die restauriert wurden und – neben historischen, aus dem 17. Jh. stammenden Plantagenbauwerken – heute den Gästen als Unterkunft dienen. Das Haupthaus ist ein um 1700 aus tropischem Hartholz erbautes »Manor House«, das vermutlich älteste Holzhaus der Kleinen Antillen.

5 km südöstl. von Charlestown

SAINT-BARTHÉLEMY
▶ Klappe hinten, c 2

Karte ▶ S. 147

Saint-Barthélemy, meist nur St. Barth oder St. Barts genannt, ist eine international bekannte, von Prominenten favorisierte Insel, die hier Villen unterhalten und während der Wintermonate ihren Urlaub auf der Insel verbringen. Mit ihrem europäischen Gepräge unterscheidet sich St. Barts deutlich von allen anderen Karibikinseln. Das Ambiente ist lässig französisch-karibisch, die durchwegs weiße Bevölkerung – Nachkommen von Franzosen aus der Normandie und der Bretagne, die sich in der zweiten Hälfte des 17. Jh. hier niederließen – spricht französisch, man trifft sich in schicken, europäisch anmutenden Cafés und Restaurants und in den Hermès- und Gucci-Boutiquen der Hauptstadt Gustavia.

Die nur 21 qkm große Insel ist schnell umrundet: Das bergige St. Barts misst an der längsten Stelle kaum 10 km und an der breitesten Stelle 4 km. Massentourismus ist schon wegen der Größe und der Topografie der Insel, auf der nur kleine Propellermaschinen landen können, nicht möglich.

Christoph Kolumbus entdeckte die Insel 1493 und taufte sie auf den Namen seines Bruders Bartolomeo. Da St. Barts aufgrund der Klima- und Bodenverhältnisse für den Zuckerrohranbau ungeeignet erschien, gab es auf dem Eiland auch nie Sklaven. Nachdem die Insel 1785 als Geschenk von Ludwig XVI. an den schwedischen König Gustav III. wechselte, ließen sich hier bald neu ins Land strömende Schweden nieder, und zu Ehren des schwedischen Regenten wurde die Hauptstadt Gustavia genannt. Aber hundert Jahre später wechselte Saint-Barthélemy wieder zurück nach Frankreich. Die Insel ist **französische Überseeregion** und gehört zum Département Guadeloupe, Zahlungsmittel ist daher der Euro.

Gustavia
▶ S. 147, A 2/3

3000 Einwohner

Die Hauptstadt liegt an der Westküste an einer tief ins Land reichenden Bucht, dem schönsten Ankerplatz der Insel. Einem Amphitheater gleich wurden die Häuser oberhalb des Hafens errichtet und ziehen sich die grünen Hügel hinauf. Nach dem großen Brand von 1919 rekonstru-

Gustavia (▶ S. 106) liegt an einer malerischen Bucht mit üppig grünen Hängen, um die sich der Hauptort der Insel Saint-Barthélemy gruppiert.

iert, muten die Holzhäuser zum Teil skandinavisch an.
Kreuzfahrtschiffe legen vor Gustavia an und transportieren die Passagiere mit Booten auf die Insel.

SEHENSWERTES
Fort Gustave
Auf einem kleinen Hügel nördlich des Hafens erheben sich die Ruinen des schwedischen Forts Gustave. Schöner Blick über Stadt und Hafen.
Frei zugänglich

MUSEUM
Musée Municipal
Das historische Wall House am nordwestlichen Hafeneingang, ein lang gestrecktes Gebäude, erbaut aus dunklem Stein und mit weißen Klappfenstern und -türen versehen, dokumentiert mit seinen Schwarz-Weiß-Fotos, wie sehr sich die Insel im Laufe der Jahrzehnte von einem abgelegenen Eiland zur luxuriösen Jetset-Destination verändert hat. Aus dem Dorf Corossol stammen die aus getrockneten Blättern geflochtenen Hüte, Taschen und Körbe, die man kaufen kann.
Wall House, Rue Duquesne, La Pointe • Mo, Di, Do, Fr 8.30–12.30, 14.30–18, Mi 8.30–12.30, Sa 9–12 Uhr • Eintritt 3 €

SPAZIERGANG
Die Tenderboote bringen Passagiere zum Dock an der Ostseite des Hafens an der **Rue de la République**, in der Nähe der Touristeninformation. Man spaziert am Hafen entlang in die anschließende **Rue du Bord de Mer** und um das Hafenende herum. An der Westseite gelangt man in die **Rue Jeanne d'Arc** und zum am westlichen Hafeneingang gelegenen **Musée Municipal**.
Dauer: 1 Stunde

ESSEN UND TRINKEN
Le Gaïac
Elegant und mit Meerblick • Ravioli mit roter Chili und Ziegenkäse, in Limette marinierter Thunfisch und Hummer, angerichtet über frisch zubereiteter Pasta: Französische und karibische Küche im »Le Toiny«, dem schönsten Hotel der Insel, ist nicht nur ein kulinarisches Erlebnis. Serviert wird in einem offenen Pavillon beim Pool mit Blick auf das tief unter Ihnen liegende Meer.
Anse de Toiny • Tel. 05 90 27 88 88 • www.letoiny.com • Mo–So 12–14.30, 19–22 Uhr • €€€€

Le Select
Jimmy Buffetts Paradies • Äußerlich eher unscheinbar und das Essen (Salate, Sandwiches) einfallslos: Das Café-Restaurant ist dennoch seit 50 Jahren der Insider-Treffpunkt und wird von prominenten Stammgästen wie Julia Roberts besucht. Es inspirierte den US-amerikanischen Sänger Jimmy Buffett zu seinem Song »Cheeseburger in Paradise«. Abends Livemusik.
Rue du Général de Gaulle • Tel. 05 90 27 86 87 • €€

EINKAUFEN
Von Hermès zu Roberto Cavalli und kleinen französischen In-Marken: In den Boutiquen für Damen- und Herrenmode entlang dem Quai de la République ist das Einkaufen ein Vergnügen, da hier auf Klasse statt Masse gesetzt wird und die teuren Sachen zollfrei sind.

STRÄNDE
Die 14 Strände sind alle öffentlich und nie überfüllt. Oben ohne ist an allen Stränden üblich, ansonsten sind die neuesten und knappsten Bademoden angesagt. FKK ist zwar untersagt, wird jedoch an manchen Stränden (z. B. in den eher abgelegenen Badebuchten **Gouverneur** im Süden der Insel und dem östlich anschließenden **Saline**) praktiziert.
Einen beliebten Strand hat die **Baie de St-Jean**; diese traumhafte Bucht besitzt die richtige Mischung aus Abgeschiedenheit und Luxus.

SERVICE
AUSKUNFT
Office Municipal du Tourisme
Quai du Général de Gaulle • Tel. 05 90 27 87 27 • www.st-barths.com

Ausflüge
Corossol ▶ S. 147, A 2
Von Gustavia führt die Straße in stetigem Wechsel bergauf und wieder bergab. In dem einstigen Fischerdorf Corossol an der Nordküste, nur aus ein paar Straßen bestehend, wird von einigen Familien das traditionelle Flechthandwerk ausgeübt. Hüte und Taschen werden aus hellen Latanblättern geflochten, die in den umliegenden Palmenhainen geerntet und zum Trocknen aufgehängt werden. Für Muschelliebhaber lohnt sich ein Besuch im Inter Oceans Museum (Di–Sa 9–12.30, 14–17 Uhr, Eintritt 3 €) mit 9000 Muscheln.
3 km nordwestl. von Gustavia

SINT MAARTEN/ SAINT-MARTIN
▶ Klappe hinten, c 1

Karte ▶ S. 147

Salzinsel, nämlich »souliga«, tauften die Indianer die nur 87 qkm große Insel wegen ihrer zahlreichen Salzlagunen. Kolumbus nannte sie nach einem Heiligen, da sein Schiff hier am Sankt-Martins-Tag ankerte. Seit Jahrhunderten teilen sich Holländer (Sint Maarten) und Franzosen (Saint-Martin) das Eiland. Der französische Teil der Insel (53 qkm) ist größer als der holländische (34 qkm). In Sint Maarten (38 000 Einwohner, Saint-Martin: 36 000 Einwohner) locken herrliche Sandstrände und Palmen, dazu eine Prise holländischer Vergangenheit. Sint Maarten ist Top-Ziel für Kreuzfahrtschiffe. Nahezu alle Linien laufen die Insel an, sodass die Zahl der jährlichen Kreuzfahrtpassagiere bei 800 000 liegt. Heute gehört Sint Maarten zu den am dichtesten bebauten Inseln der Antillen. Nachdem in jeder Bucht Hotelanlagen errichtet und die Natur immer mehr zurückgedrängt wurde, entschied man sich 1997 mithilfe des World Wildlife Fund zur Gründung von Naturparks.

Philipsburg ▸ S. 147, C 3

12 000 Einwohner

Die 1763 gegründete Hauptstadt des niederländischen Teils der Insel liegt auf einer 1,5 km langen Landzunge, die den Great Salt Pond von der Groot Baai (Great Bay) trennt. Durch die Einrichtung eines Freihafens erlebte die Stadt einen enormen wirtschaftlichen Aufschwung. Die alteingesessene Bevölkerung setzt sich zusammen aus den Nachfahren holländischer und französischer Siedler und deren afrikanischen Sklaven.

Kreuzfahrtschiffe, die die Insel anlaufen, ankern gewöhnlich in Philipsburg auf der holländischen Seite, nämlich am modernen **A. C. Wathey Pier**, etwa 1,5 km südöstlich der

Nachts zeigt Philipsburg (▸ S. 109), die von Meer und Bergen eingerahmte Hauptstadt des niederländischen Teils Sint Maarten, sein funkelndes Gesicht.

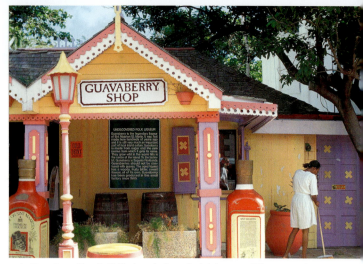

Im Guavaberry Shop in Philipsburg (▶ S. 111) wird der nur auf Sint Maarten hergestellte herb-süße Guavaberry Island Folk Liqueur verkauft.

Stadt. Von dort verkehren Wassertaxis (3–4 US-$) zum **Captain Hodge Pier** der Innenstadt.

SEHENSWERTES
Court House
Das alte, 1793 aus Naturstein und Holz errichtete niederländische Gerichtsgebäude hat schon zahlreichen Hurrikanen getrotzt. Es vereint europäischen und karibischen Stil auf das Schönste; unter seinem Dach haben sich heute hauptsächlich Verwaltungsbüros angesiedelt.
Wathey Square

Fort Amsterdam
Die aus 1631 stammende Befestigungsanlage lohnt wegen der fantastischen Sicht auf die Great Bay einen Besuch; außer einigen Ruinen gibt es jedoch nichts zu sehen.
Front Street, südwestl. der Stadt •
Eintritt frei

MUSEUM
Sint Maarten Museum
Zu sehen sind Ausstellungen zur Geschichte und Geologie von Sint Maarten.
7 Front Street • Tel. 05/42 49 17 •
www.museumsintmaarten.org •
Mo–Fr 10–16 Uhr • Eintritt 1 US-$

SPAZIERGANG
Die Stadt erstreckt sich mit vier Straßen und kleinen Verbindungsgassen auf einer 1 km langen Landbrücke, die den inlands liegenden Great Salt Pond und die Great Bay des Karibischen Meeres trennt. Hauptplatz ist der im Zentrum oberhalb des Ankunftspiers gelegene **Wathey Square**. An dessen Westseite steht das ehemalige **Court House**, ein Gerichtsgebäude aus dem 18. Jh. Südlich zum Meer hin verläuft die lebhafte Voorstraat (**Front Street**) mit zahlreichen Boutiquen,

Cafés und Restaurants und dem kleinen Inselmuseum. Ruhiger ist es auf der zum Salzsee gelegenen Achterstraat (**Back Street**).
Dauer: 1 Stunde

ESSEN UND TRINKEN
L'Escargot
Edith Piaf und Knoblauch • Das auffällig mit Schnecken bemalte kreolische Holzhaus gilt seit über drei Jahrzehnten als bestes Restaurant der Stadt. Auf den Tisch kommt provenzalische Sterneküche mit karibischen Elementen und untermalt mit französischen Chansons. Köstlich sind die »fettucini au pistou«, die mit Tomaten, Artischocken und Weißwein angerichtet sind, gefolgt z. B. von Ente in Ananas- und Bananensauce.
96 Front Street • Tel. 05/42 24 83 • www.lescargotrestaurant.com • tgl. 18–23 Uhr • €€€

Antoine by the Sea
Meerblick mit Lobster • Die Ausblicke auf das Meer von der Veranda des Restaurants sind bezaubernd. Karibisch-leicht schmecken die servierten Salate, Sandwiches und Suppen. In der am Strand liegenden Beach Bar werden Cocktails gemixt und frische Obstsäfte serviert. Abends locken im stilvoll gedeckten Restaurant auch französische Menüs und »Lobster Thermidor«.
119 Front Street • Tel. 05/42 29 64 • www.antoinerestaurant.com • tgl. 11–22 Uhr • €€

EINKAUFEN
Philipsburg ist ein zollfreies Einkaufsparadies; Shoppingmeile ist die Front Street. Hier und in den angrenzenden Straßen reihen sich zahlreiche Geschäfte nahtlos aneinander: Ralph Lauren, Calvin Klein & Co. und alles, was aktuell ist, zu unschlagbar niedrigen Preisen.

Guavaberry Emporium/Shop
Ein karibisches Holzhaus beherbergt das Stammhaus des Guavaberry-Unternehmens (www.guavaberry.com). Der auf Sint Maarten hergestellte berühmte Guavaberry Island Folk Liqueur ist von herb-süßem Geschmack. Daneben werden zahlreiche feine Rumsorten, Liköre und feurig-scharfe Saucen verkauft.
8–10 Front Street

AM ABEND
In Sint Maarten lockt das Glücksspiel in einem Dutzend Casinos. Größtes ist das zum Sonesta Maho Beach Hotel gehörende Casino Royale (1 Rhine Road, Tel. 05/45 21 15, www.sonesta.com/mahobeach) mit über 1000 qm und 400 »slot machines« (einarmige Banditen).

STRÄNDE
Zu den schönsten Stränden gehört die **Baie Orientale** (an der Nordostküste von Saint-Martin): türkisfarbenes Wasser, weißer Sand, ein paar vor der Brandung ankernde Jachten, dazu eine Bar und ein beliebtes Restaurant.

Attraktionen ganz anderer Art bietet die **Simsonbaai** (nordwestlich von Philipsburg), die in der Einflugschneise des Internationalen Flughafens gelegen ist. Zur Freude der vielen Besucher sind die Ankunftszeiten der Jets auf einem Surfboard an der Strandbar vermerkt, sodass man seinen Drink nehmen kann, während über den Köpfen die Jets zum Landeanflug ansetzen.

SERVICE
AUSKUNFT
Sint Maarten Tourist Office
Vineyard Office Park, 23 W.G. Buncamper Road • Tel. 05/45 23 37

Informationskiosk am Captain Hodge Pier

Marigot ▸ S. 147, B 2
5700 Einwohner

Die Hauptstadt des französischen Teils der Insel bietet eine reizvolle Mischung aus französischer und karibischer Lebensart. Im Hafen liegen edle Jachten und Segelboote, in den Cafés trifft man sich auf einen »café au lait«, darüber erhebt sich die Ruine von Fort St-Louis. Der steile, etwas anstrengende Aufstieg wird mit einem fantastischen Ausblick belohnt.

Ausflüge

◎ **Anguilla** ▸ S. 147, nördl. B 1

Lediglich 20 Min. dauert die Überfahrt von Marigot im französischen Teil der Insel zum Hafen Blowing Point an der Südküste von Anguilla. Die nur 91 qkm große Insel besitzt traumhaft schöne Sandstrände und gilt – ebenso wie das benachbarte Saint-Barthélemy – als Prominenteninsel. Anguilla besitzt etwa zwei Dutzend Luxushotels. Das schönste ist sicherlich das im maurischen Stil erbaute »Cap Juluca«, am halbmondförmigen Puderzuckerstrand von Maunday's Bay gelegen, etwa 6 km westlich des Hafens (www.capjuluca.com). Es besteht aus einzelnen großzügig und minimalistisch zugleich dekorierten Gästevillen. Ein Lunch in einem der offenen Restaurants von Cap Juluca ist ein unvergessliches Erlebnis.

Postkartenreife Strandidylle verspricht auch die Shoal Bay, die westlich an Maunday's Bay anschließt. Dort gibt es mehrere Restaurants und Strandbars.
Fähre von Marigot Waterfront 8.10–19 Uhr alle 45 Min., Überfahrt 25 Min. • 15 US-$ einfach plus Departure Tax (5 US-$), Rückfahrt 23 US-$ ca. 5 km nördl. von Philipsburg

ST. KITTS
▸ Klappe hinten, c 1/2

Karte ▸ S. 148

Bereits 1623 gingen auf der 37 km langen und bis zu 11 km breiten Insel St. Christopher, namentlich später zu St. Kitts verkürzt, Siedler an Land: Die Insel wurde zur ersten englischen Kolonie in der Karibik. Drei Jahre später teilten sich Franzosen und Briten das Eiland, anfangs friedlich, in den folgenden anderthalb Jahrhunderten kam es jedoch zu mehreren kriegerischen Handlungen. Erst im Vertrag von Versailles (1783) wurde St. Kitts Großbritannien zugesprochen. Seit 1983 ist die Insel unabhängig.

Die Bevölkerung besteht hauptsächlich aus Nachkommen ehemaliger afrikanischer Sklaven. Die Schönheit der Insel, die nicht nur so manches koloniale Bauwerk besitzt, machen auch Regenwälder, tropischer Nebelwald und drei Vulkane aus. Im nördlichen Inselzentrum thront der oft von Wolken verhangene, 1160 m hohe Vulkan **Mount Liamuiga**, von den Einheimischen auch »Mount Misery« genannt. Regenwald bedeckt seine Hänge, der ab 800 m in tropischen Nebelwald übergeht.

Zuckerrohrplantagen prägen die Insel seit Jahrhunderten. Daneben trägt der Tourismus immer stärker zum Einkommen der Bewohner bei. Eine Besonderheit sind die vielen historischen Herrenhäuser und Plantagen; restauriert sind sie heute stilvolle private Unterkünfte und exquisite Landhotels. Auf keiner anderen Insel der Kleinen Antillen finden sich so viele Plantagenhäuser wie auf St. Kitts. Gegen Ende des 19. Jh. wurden hier noch knapp 300 »Sugar Estates«, zuckerproduzierende Plantagen, gezählt.

Basseterre ▸ S. 148, B 3

22 000 Einwohner

Die Hauptstadt besitzt kaum Sehenswürdigkeiten, bezaubert jedoch als lebhafte karibische Siedlung mit immer noch deutlich britischem Akzent. Obwohl einige Häuser einen ärmlichen und vernachlässigten Eindruck machen, gibt es doch auch gepflegte Häuser im typisch westindischen Stil zu entdecken.

Der stadtnahe Cruise Ship Terminal **Port Zante** bietet Platz für zwei Kreuzfahrtschiffe. Über zusätzliche Liegeplätze verfügt der 3 km östlich von Basseterre gelegene Tiefseehafen **Birdrock**. Am Port Zante gibt es ein »Welcome Centre« mit Ausflugsangeboten, Duty-free-Shops sowie anschließend die Pelican Mall mit der Touristeninformation.

SEHENSWERTES
The Circus

Häuser im karibischen Stil, mit umlaufender Veranda im ersten Stock, umgeben den achteckigen Hauptplatz von Basseterre. Dessen Namensgeber ist der berühmte Piccadilly Circus von London. Im Zent-

> **MERIAN-Tipp**
>
> **WANDERN IM REGENWALD**
> ▸ S. 148, A 2/3
>
> Eine vierstündige Tour (mit Abholung vom Schiff) beinhaltet – nach Besichtung des kolonialen Herrenhauses Romney Manor und einer alten Zuckermühle – eine Wanderung durch den Regenwald von St. Kitts, durch einen Canyon mit antiken Felszeichnungen und Begegnungen mit Schmetterlingen und Affen.
> Greg's Safaris • Buchung Tel. 00 18 69/4 65-41 21 (vom Schiff) • www.gregsafaris.com • 70 US-$ pro Person

rum steht der Berkeley Memorial Fountain, ein Brunnen mit viktorianischem Uhrturm (»clock tower«) aus dem Jahre 1891.

MUSEUM
National Museum

Die rührige St. Christopher Heritage Society, die sich für den Schutz und die Restaurierung historischer Bauwerke auf der Insel einsetzt, trug auch entscheidend zum Aufbau des kleinen Museums bei. Neben archäologischen Fundstücken und historischen Inselfotos sind auch koloniale Möbel und antike Bekleidungsstücke der frühen Siedler ausgestellt.

Bay Road • Di–Fr 9–13, 14–17, Mo und Sa 9–13 Uhr • Eintritt 3 US-$

ESSEN UND TRINKEN
Serendipity

Hafenblick von der Terrasse • Das alte kreolische Haus serviert im ro-

mantischen Patio wie im karibisch gestalteten Speisezimmer beste internationale Küche: Mahi-Mahi und Steaks, Tiger Shrimps und gebackenen Brie. Interessant auch für einen leichten Lunch, da viele Gerichte auch in kleinen Portionen serviert werden. Ausgezeichnete Weinkarte.
3 Wigley Av, Fortlands • Tel. 8 69/4 65-89 99 • tgl. 12–15, 19–22 Uhr • €€€

The Ballahoo
Balkon mit Meeresbrise • Restaurant im ersten Stock in bester Lage am Circus, seit 1982 *der* Inseltreff. Bereits zum Frühstück sind die Plätze auf der Veranda schnell belegt. Darüber hinaus Salate, Burger, Currys und Fischgerichte, dazu trinkt man das lokale Carib Beer.
Fort Street • Tel. 8 69/4 65-41 97 • www.ballahoo.com • Mo–Sa 8–22 Uhr • €€

EINKAUFEN
Caribelle Batik
Eine Erfolgsstory: Auf der Plantage Romney Manor entstehen heute die auf St. Kitts und den Nachbarinseln bekannten und nach indonesischer Batiktechnik aus luftig-leichtem »Sea Island Cotton« (Baumwolle) gefertigten Produkte: wunderschöne Kleider, Blusen, Röcke, Tücher und Taschen, farbenfroh und mit tropischen Motiven. Auch eine kurze Besichtigungstour mit Erklärungen zum Herstellungsprozess.
Romney Manor • www.caribellebatikstkitts.com • Mo–Fr 9–18, Sa 9–13 Uhr
8 km nordwestl. von Basseterre

STRÄNDE
Dunkelsandigen Lavastrand bietet die an der Nordostküste auf der Atlantikseite liegende **Sandy Bay**. Zum Schwimmen und Schnorcheln beliebt ist besonders **Dieppe Bay** im äußersten Norden. Die der Karibik zugewandte Seite von **Frigate Bay** (nahe der Hauptstadt) besitzt einen feinen weißen Sandstrand und eine gute Infrastruktur.

SERVICE
AUSKUNFT
St. Kitts Tourism Authority
Pelican Mall, Bay Road • Tel. 8 69/4 65-40 40 • www.stkittstourism.kn • Mo–Sa 8.30–17 Uhr

Ausflüge
Brimstone Hill Fortress
▶ S. 148, A 2
Das ab 1690 von den Briten erbaute Fort gehört zu den größten und besterhaltenen der karibischen Forts und wird auch das »Gibraltar der Karibik« genannt, weil hier 1782 zwischen Briten und Franzosen eine der größten Schlachten der Region stattfand. Bastionen und Offiziersunterkünfte aus schwarzem Lavagestein. Fast 100 Jahre dauerte der Bau der heute auf der Welterbe-Liste der UNESCO verzeichneten Fortanlage. Von einem Felsvorsprung in 200 m Höhe über dem Meer genießt man einen traumhaften Blick, an klaren Tagen bis zu den Nachbarinseln Nevis und Montserrat.
Nordwestküste • www.brimstonehillfortress.org • tgl. 9.30–17.30 Uhr • Eintritt 10 US-$ (Kinder 5 US-$)
16 km nördl. von Basseterre

St. Kitts Scenic Railway
▶ S. 148, b 3
Auf eine vergnügliche 3-Std.-Tour entlang des Mt. Liamuiga-Vulkans, vorbei an Dörfern und durch tropi-

Solche Baumriesen, aber auch viele Orchideen- und Farnarten können in den Romney Gardens (▶MERIAN-Tipp, S. 113) an der Westküste von St. Kitts bestaunt werden.

sche Vegetation, entführt der bunte Zug (mit Aussichtsplattform im ersten Stock sowie klimatisierten Abteilen im unteren Bereich) auf einer historischen Strecke, nämlich auf Schienen, auf denen einst Zuckerrohr transportiert wurde.

Ab Needsmust Station (nahe Basseterre) • www.stkittsscenicrailway.com • 89 US-$, Kinder 49 US-$ (inkl. Bus-Transfer vom Cruise Terminal)

ST. LUCIA

▶ Klappe hinten, d 3

Karte ▶ S. 149

Eine der beliebtesten Inseln: St. Lucia beeindruckt mit Regenwäldern und den beiden dicht nebeneinander liegenden Vulkankegeln, den **Twin Pitons** 9 (Gros Piton, 770 m und Petit Piton, 743 m), Wahrzeichen der gesamten Karibik. Die Straßen der tropischen Insel werden von Palmen und Bougainvilleen gesäumt und führen durch Bananen- und Kakao-Pflanzungen.

Die Insel, ursprünglich von Arawak und Kariben bewohnt, erlebte eine unruhige Geschichte. 15-mal wechselte die Herrschaft über die Insel zwischen Franzosen und Engländern, bis St. Lucia im Vertrag von Paris 1814 endgültig britisch wurde. Seit 1979 ist sie unabhängige Republik im **British Commonwealth**. Die Bevölkerung ist überwiegend afrikanischer Abstammung. Amtssprache ist Englisch, verbreitet ist Patois, eine Mischung aus Englisch, Französisch und afrikanischen Sprachen.

Castries

▶ S. 149, B 2

13 000 Einwohner

An einer tief ins Land reichenden Meeresbucht an der Nordwestküste, umgeben von Hügeln und dem dicht bewachsenen, steil ansteigenden Morne Fortune, liegt die Inselhauptstadt Castries. Aufgrund tropischer Stürme und mehrerer Feuer gibt es kaum historische Gebäude. Der größte Reiz von Castries stellt heute seine lebhafte karibische Atmosphäre dar.

Kreuzfahrtschiffe legen am **Pier Pointe Seraphine** an, wo sich auch ein zollfreier Shoppingkomplex und ein Touristenbüro befinden, sowie im gegenüberliegenden **Port Castries** (La Place Carenage).

SEHENSWERTES
Derek Walcott Square

Der im Zentrum von Castries liegende Platz ist benannt nach dem berühmtesten Sohn der Stadt, Derek Walcott, der 1992 den Literaturnobelpreis erhielt. Der Platz wird gekrönt von einem mehrere hundert Jahre alten Samanbaum und ist bewachsen mit Orchideen und Epiphyten (sogenannten Aufsitzerpflanzen). An seiner Westseite erhebt sich die Kathedrale der Unbefleckten Empfängnis. Rings um den Platz befinden sich alte und neuere Häuser, einige noch im westindischen Stil mit umlaufender Veranda und Verzierungen am Giebel.

SPAZIERGANG

Vom **Pointe Seraphine Pier** erreicht man das Stadtzentrum und das **Elizabeth II Dock** mit der Fähre oder dem Wassertaxi (3 US-$). Dort bummelt man über die **Jeremie Street** mit ihren vielen Ständen und Geschäften in östlicher Richtung bis zum großen und bunten **Markt** an der Ecke mit der Peynier Street. Die Peynier Street geht man nach Süden, vorbei am **Rathaus** (Town Hall) und **Gericht** (Court House). An der Ostseite des Derek Walcott Square entdecken Sie die katholische **Kathedrale**. Über die Brazil Street und die Manoel Street gelangen Sie zurück zum Hafen. Zwischen modernen Häusern sehen Sie immer wieder westindische Holzhäuser mit »Gingerbread«-Verzierungen (die im Bereich der Giebel mit Ornamenten und Sägearbeiten geschmückten Holzhäuser sehen aus wie mit Zuckerguss verziert).
Dauer: 1,5 Stunden

ESSEN UND TRINKEN
Green Parrot

Koloniales Ambiente • Im gepflegten Stadtviertel The Morne liegt auf einem Hügel das beste Restaurant der Stadt, das zu einem Stadthotel gehört und einen fantastischen Blick über den Hafen von Castries freigibt. Besitzer Harry, der einst in einem Londoner Nobelhotel kochte, kreiert hier eine fantasievolle Mischung aus karibischen und französischen Speisen und begrüßt seine Gäste mit einem »Grass Parrot« (Cocktail mit Kokosnuss, Rum und Minze); regelmäßig werden karibische Dinner-Shows veranstaltet.
Morne Fortune, Red Tape Lane • Tel. 7 58/4 52-33 99 • tgl. 12–22 Uhr • €€€

STRÄNDE

Vor dem Anse Chastanet kurz vor Soufrière an der Westküste, dem schönsten Hotel der Insel mit einzelnen Villen, sensibel integriert in einen tropischen Hang, liegt das gleichnamige Korallenriff.
Mehr als 150 Fischarten wurden hier gezählt, unter ihnen die farbenfrohen Schmetterlings-, Papageien-

und Trompetenfische. Nördlich von Castries liegen an der Nordwestküste **Pigeon Point** (etwa 30 Min. entfernt) und **Reduit Beach** (dazwischen an Rodney Bay).

SERVICE
AUSKUNFT
St. Lucia Tourist Board

Pointe Seraphine • Tel. 7 58/4 52-40 94 • www.jetzt-saintlucia.de

Ausflüge
◎ Rodney Bay ▶ S. 149, B 1

Die fast kreisrunde, von dichtem Regenwald umgebene karibische Bilderbuchbucht ist das Ziel von Weltumseglern und beherbergt auch eine Marina mit Segelbooten, die gechartert werden können. Mehrere sehr schöne Restaurants (empfehlenswert sind besonders The Lime und The Edge) und Cafés, die am Meer liegen und tropische Cocktails offerieren, sorgen dafür, dass die Zeit wie im Flug vergeht.

Nordwestküste
9 km nördl. von Castries

◎ Soufrière ▶ S. 149, A 4

10 000 Einwohner

Holzhäuser in allen Regenbogenfarben, Wäsche waschende Frauen am Straßenrand: Soufrière, ein verschlafener Fischerort, liegt zu Füßen des gleichnamigen Vulkans mitten im Regenwald. 1713 von Franzosen gegründet, ist es der älteste Ort der Insel und besitzt noch einige typische westindische Kolonialstilhäuser mit den pittoresken Holzspitzen (»Gingerbread«-Verzierungen). Über Serpentinenstraßen, vorbei an Bananenplantagen, gelangt man zum eingestürzten Krater des alten Vulkans Qualibou.

2 km südlich von Soufrière erheben sich am Meer die beiden erloschenen Vulkane **Petit Piton** (743 m) und **Gros Piton** (770 m). Die Szenerie der steilen Pyramidenkegel vor dem saphirblau glänzenden Karibischen Meer, umgeben von dichter tropischer Vegetation, ist von dramatischer, einzigartiger Schönheit. Einen herrlichen Blick auf die Zwillingskegel genießen Sie in Soufrière von zahlreichen Restaurants und Hotelterrassen.

Westküste
15 km südl. von Castries

ST. THOMAS
▶ Klappe hinten, b 1

Karte ▶ S. 150

Das kosmopolitische St. Thomas ist die beliebteste Insel der **US Virgin Islands**. Kolumbus erinnerte die

MERIAN-Tipp 8

DRIVE-IN VOLCANO
▶ S. 149, A 5

Es ist bestimmt weltweit einzigartig, dass man bis zu einem Vulkan mit dem Auto vorfahren kann. Vom Parkplatz vor dem Vulkankrater (12 km Durchmesser) geht es dann zu Fuß weiter. Schon bald riecht man die Sulphur Springs, etwa 20 schwefelhaltige Quellen, die mit Gasen, Dämpfen und heißem Wasser (bis 90 °C) im Krater blubbern.

Sulphur Springs Park, Soufrière • Tel. 7 58/4 59-55 00 • tgl. 9–17 Uhr • Eintritt 12 EC-$
15 km südl. von Castries

östlich von Puerto Rico liegende Inselgruppe an die Legende von der hl. Ursula und ihren 11 000 Jungfrauen und nannte sie deshalb Jungferninseln. Tatsächlich sind es »nur« 100 Inseln, die jährlich von rund zwei Millionen Touristen besucht werden. Politisch sind die Inseln geteilt in die östlich gelegenen British Virgin Islands und die im Westen gelegenen US Virgin Islands. Auf der 83 qkm großen Insel (55 000 Einwohner) befindet sich der größte Kreuzfahrthafen der Karibik.

Charlotte Amalie
▶ S. 150, D 2/3

15 000 Einwohner

Entlang dem weit geschwungenen St. Thomas Harbour erstreckt sich auch die Inselhauptstadt Charlotte Amalie, der touristische und wirtschaftliche Mittelpunkt der US Virgin Islands. Die 1666 gegründete Siedlung, benannt nach der Frau des dänischen Königs Christian V., besteht heute aus hauptsächlich modernen Gebäuden.

Kreuzfahrtschiffe ankern gewöhnlich am **West Indian Dock** (Havensight Mall) im südöstlichen Teil des Hafens von Charlotte Amalie bzw. am **Crown Bay Cruise Ship Terminal** westlich der Hauptstadt.

SEHENSWERTES
Camille Pissarro Art Gallery

Der berühmte Impressionist (1830–1903) wurde in diesem Haus als Sohn einer portugiesisch-jüdischen Familie geboren. Mit zwölf Jahren zur Schulausbildung nach Frankreich geschickt, kehrte Pissarro fünf Jahre später zurück, um im Unternehmen seines Vaters zu arbeiten und mit dem Malen zu beginnen. Als junger Mann wieder in Frankreich, gesellte er sich zum Kreis der Künstler um Monet und Rodin. Heute beherbergt das restaurierte Haus eine Galerie, in der etwa zwei Dutzend Künstler ihre Werke ausstellen. Auch Kopien einiger Werke von Pissarro sind zu sehen.

14 Dronningens Gade (Main Street)

Fort Christian

Die ab 1672 erbaute Befestigungsanlage ist das älteste noch erhaltene Bauwerk der Jungferninseln und diente im Laufe seiner Geschichte als Gefängnis, Rathaus und Kirche. Der viktorianische Uhrturm wurde 1874 hinzugefügt. Das in leuchtendem Rot erstrahlende Bauwerk hat Ähnlichkeit mit einem Schloss, kann aber seit mehreren Jahren nicht betreten werden, u. a. weil die Restaurierungsarbeiten stagnieren.

Waterfront Highway, am Hafen

MERIAN-Tipp

GOLFEN IN DER KARIBIK
▶ S. 150, D 2

In 20 Min. ist der Mahogany Run Golf Course (18 Loch, Par 70, 5507 m) an der Nordküste von St. Thomas mit dem Taxi erreicht, und von den Klippen ergibt sich – auch für Nicht-Spieler – ein Traumblick.

Mieten der Ausrüstung 70 US-$, Greenfee 125–165 US-$ (18 Loch), 85–115 US-$ (9 Loch), »Tee Time« (Abschlagszeit) unter Tel. +1/3 40/7 77-62 50 oder www.mahoganyrungolf.com
4 km nordöstl. von Charlotte Amalie

Von Charlotte Amalie fährt die Kabinenseilbahn auf den Hausberg Flag Hill. Oben angekommen, erwartet Gipfelstürmer der Aussichtspunkt Paradise Point (▶ S. 119).

Paradise Point 🍽

Mit der Kabinenseilbahn (Skyride) geht es von der Havensight Mall hinauf zum **Flag Hill**, den Hausberg von Charlotte Amalie – ein besonders schöner Platz, um den Sonnenuntergang zu genießen.
Havensight Mall, östl. des Hafens • ab 9 Uhr an Kreuzfahrttagen • Seilbahn 22 US-$

ESSEN UND TRINKEN
Cuzzin's Caribbean Restaurant

Karibische Spezialitäten • Exotisch gewürztes Lammfleisch, fangfrischer Fisch, Garnelen mit Kokosnuss und Mango-Rum-Sauce, dazu gebackene Kochbananen und Wildreis – was in diesem historischen Haus in Innenstadtlage auf den Tisch kommt, ist beste lokale Küche.
7 Wimmelskafts Gade • Tel. 3 40/7 77-47 11 • www.cuzzinsvi.com • Di–Sa 12–23 Uhr • €€€

Lillian's Caribbean Grill

West Indian Rice & Beans • Schon von seiner Lage her, nämlich im Bereich der Haupteinkaufsstraße, eines der beliebtesten Restaurants der Stadt. Seit bald 30 Jahren serviert man karibische und internationale Küche im schönen Patio oder im klimagekühlten Innenraum.
Grand Galleria Courtyard, 43-46 Norre Gade • Tel. 3 40/7 74-79 00 • Mo–Sa 7.30–17.30 Uhr • €€

EINKAUFEN
Havensight Mall

Mehr als 100 Geschäfte (darunter auch Drogerien, Buch- und Delikatessenläden) bieten Kleidung und typische karibische Souvenirs an.

SERVICE
AUSKUNFT
St. Thomas Tourism

Havensight Mall • Tel. 3 40/7 74-87 84

Ausflüge

◎ Coral World Ocean Park 👫 🔟 ▸ S. 150, F 2

Eine der beliebtesten Attraktionen der Insel: An der östlichen Nordküste liegt am Coki Point der Unterwasserpark mit zahlreichen Attraktionen. Ein gläserner Turm wurde 30 m vor dem Ufer in die Korallen gesetzt, in dem man hinabsteigen kann ins Meer und von tropischen Fischen, Korallen und Seepferdchen umgeben ist. Daneben zeigen die Marine Gardens-Aquarien Fauna und Flora des Meeres, in weiteren riesigen Salzwasserbecken leben Haie und in der Stingray Lagoon auch Rochen. Interessant sind auch die Ausstellungen, Lehrpfade sowie die Schildkrötenbecken.

Estate Smith Bay, Coki Point • www.coralworldvi.com • tgl. 9–16 Uhr • Eintritt 19 US-$, Kinder 10 US-$
9 km östl. von Charlotte Amalie

WUSSTEN SIE, DASS …

… Daniel Defoe den berühmtesten Schiffbrüchigen der Welt, Robinson Crusoe, am 30. September 1659 im Süden von Trinidads Nachbarinsel Tobago an Land spülen ließ?

TRINIDAD
▸ Klappe hinten, D 5

Karte ▸ S. 151

Das gemeinsam mit dem kleineren **Tobago** einen Staat bildende Trinidad (5128 qkm) ist geprägt von westafrikanischen und indischen Einflüssen und bietet heute das Bild einer multikulturellen Gesellschaft mit Menschen aus mehr als 120 Nationen. Moslems bilden nach Katholiken und Hindus eine große Religionsgruppe. Tourismus ist auf der stark industrialisierten Insel bislang von untergeordneter Bedeutung, u. a. auch deshalb, weil Trinidad nur wenige attraktive Strände besitzt. Dafür liegen in Trinidad die größten Feucht- und Sumpfgebiete der Kleinen Antillen sowie ausgedehnte Regenwälder.

Port of Spain ▸ S. 151, b 4
50 000 Einwohner

Mitte des 18. Jh. wurde die Hauptstadt Trinidads vom damaligen Gouverneur im Nordwesten der Insel am Golf von Paria gegründet. Während Besucher tagsüber ohne Bedenken unterwegs sein können, sollte man aufgrund erhöhter Kriminalität nach Einbruch der Dunkelheit von Spaziergängen durch die Stadt Abstand nehmen.

Kreuzfahrtschiffe legen gewöhnlich am **Cruise Terminal King's Wharf** von Port of Spain an, zu dem eine Shoppingmall und ein Kunsthandwerksmarkt gehören.

SEHENSWERTES

The Magnificent Seven

»Die fantastischen Sieben« werden sieben nebeneinanderstehende und aus der Kolonialzeit stammende Prachtbauten an der Westseite des Queen's Park Savannah genannt. Von 1890 stammt die Eliteschule Queen's Royal College, zu erkennen an einem weithin sichtbaren Uhrturm. Der daran anschließende Hayes Court, einst Sitz des anglikanischen Bischofs Thomas Hayes, zeigt Elemente britischen Landhausstils. Der im französischen Empirestil mit umlaufenden Veranden,

Holzspitzen in den Türmen und Balustraden erbaute Palast Roomar stammt vom Anfang des 20. Jh. Nummer vier der sehenswerten Bauwerke ist das elegant-verspielte Mille Fleurs, daran anschließend der streng gegliederte Archbishop's Palace im neoromanischen Stil mit symmetrischen Bogengängen. Sitz des Premierministers von Trinidad und Tobago ist White Hall, ein venezianisch inspirierter Palast.
Maraval Road, Queen's Park Savannah

SPAZIERGANG

Vom Cruise Terminal King's Wharf an der Wrightson Road zweigt der lang gezogene **Independence Square** ab, wo tagsüber Souvenirläden aufgebaut werden und Straßenhändler ihre Waren verkaufen. Die 92 m hohen **Twin Towers** sowie die neugotische **Cathedral of Immaculate Conception** (1832) sind die prägenden Bauwerke des Platzes. Drei Querstraßen weiter nördlich liegt der **Woodford Square**, eine Grünanlage mit Palmen und Springbrunnen. An der Südseite steht die anglikanische **Trinity Cathedral** von 1823. An der Westseite erhebt sich das 1906 erbaute **Red House**, das Neorenaissance-Stilelemente zeigt und in dem das Parlament tagt. Das Herz der Stadt schlägt im **Queen's Park Savannah**, einer rund 2 qkm großen Grünfläche, die Sie nach etwa acht Querstraßen auf einer der vom Woodford Square nach Norden führenden Straßen erreichen.
Dauer: 2 Stunden

ESSEN UND TRINKEN

Plantation House

Klein und gemütlich • In dem 100 Jahre alten kolonialen Haus werden hausgebackenes Brot, Vorspeisen und Hauptgerichte im westindischen Stil aufgetischt.
38 Ariapita Avenue, Woodbrook • Tel. 8 68/6 28-55 51 • tgl. 12–23 Uhr • €€€

SERVICE
AUSKUNFT
Tourist Information

10–14 Philipps Street • Tel. 8 68/6 75-70 34

Ausflüge

◎ **Caroni Bird Sanctuary**
▶ S. 151, B 4

Die Caroni-Mangrovensümpfe, mit einer Ausdehnung von 80 qkm, stehen unter Naturschutz und sind Lebensraum für etwa 150 unterschiedliche Vogelarten. Bei Einbruch der Dämmerung fliegen täglich Hunderte von Purpur-Ibissen über die Sümpfe. Von der Anlegestelle beim Union Butler Highway bieten Motorboote Fahrten duch die Kanäle.
Union Butler Highway
20 km südöstl. von Port of Spain

> **MERIAN-Tipp** 10
>
> **NATUR IN TRINIDAD**
> ▶ S. 151, C 4
>
> 400 m hoch in den Bergen der Northern Range liegt das Asa Wright Nature Centre, ein Naturschutzgebiet mit 200 verschiedenen Vogelarten und mehreren Wanderpfaden. Anmeldung per Telefon oder E-Mail.
> Blanchisseuse Road • Tel. 8 68/6 67-51 62 • www.asawright.org • tgl. 9–17 Uhr • Eintritt 10 US-$
> 32 km östl. von Port of Spain

Gäste des Hapag-Lloyd-Luxusliners MS »Europa« (▶ S. 14) erwartet an Bord nahezu grenzenloser Komfort: u. a. ein Fitnessraum mit Blick auf Pool und Meer.

Wissenswertes über **die Karibikkreuzfahrt**

Nützliche Informationen für einen gelungenen Aufenthalt: Fakten über Land, Leute und Geschichte sowie Reisepraktisches von A bis Z.

Sprachführer

Englisch

Wichtige Wörter und Ausdrücke

ja – yes
nein – no
bitte – please
danke – thank you
Ich verstehe nicht – I don't understand
Entschuldigung – Sorry/I beg your pardon/excuse me
Guten Tag – How do you do
Ich heiße … – My name is …
Sprechen Sie Deutsch? – Do you speak German?
Auf Wiedersehen – Good bye

Zahlen

eins – one
zwei – two
drei – three
vier – four
fünf – five
sechs – six
sieben – seven
acht – eight
neun – nine
zehn – ten
hundert – hundred

Wochentage

Montag – Monday
Dienstag – Tuesday
Mittwoch – Wednesday
Donnerstag – Thursday
Freitag – Friday
Samstag – Saturday
Sonntag – Sunday

Unterwegs

Wie weit ist es? – How far is it to …?
Wo ist …? – Where is …?
– die nächste Bus-Station – the nearest bus terminal
Wo finde ich einen Arzt/eine Apotheke? – Where do I find a doctor/a pharmacy?
Eine Fahrkarte nach … bitte – A ticket to … please

Essen und Trinken

Die Speisekarte bitte – Could I see the menu, please?
Die Rechnung bitte – Could I have the bill, please?
Wo finde ich die Toiletten? – Where are the washrooms?

Einkaufen

Haben Sie …? – Do you have …?
Wie viel kostet das? – How much is this?

Französisch

Wichtige Wörter und Ausdrücke

ja – oui
nein – non
danke – merci
Ich verstehe nicht – Je ne comprends pas
Entschuldigung – Excusez-moi
Guten Morgen/Tag – bonjour
Guten Abend – bonsoir
Ich heiße … – Je m'appelle
Sprechen Sie Deutsch/Englisch? – Parlez-vous allemand/anglais?

Zahlen

eins – un, une
zwei – deux
drei – trois
vier – quatre
fünf – cinq
sechs – six
sieben – sept
acht – huit

neun – neuf
zehn – dix
hundert – cent

Wochentage
Montag – lundi
Dienstag – mardi
Mittwoch – mercredi
Donnerstag – jeudi
Freitag – vendredi
Samstag – samedi
Sonntag – dimanche

Unterwegs
Wie kommt man nach …? – Pouvez-vous m'indiquer le chemin pour aller à
Wo finde ich …? – Où est-ce que je trouve
Eine Fahrkarte nach … bitte! – un ticket pour … s'il vous plaît!

Essen und Trinken
Die Speisekarte bitte! – La carte s'il vous plaît
Die Rechnung bitte! – L'addition s'il vous plaît
Ich hätte gern … – Je voudrais prendre

Einkaufen
Haben Sie …? – Avez-vous …?
Wie viel kostet …? – Combien ça coûte?

Spanisch
Wichtige Wörter und Ausdrücke
ja – sí
nein – no
danke – gracias
Ich verstehe nicht – No entiendo
Entschuldigung – perdón
Guten Tag – buenas tardes
Ich heiße … – Me llamo …
Sprechen Sie Deutsch/Englisch? – ¿Habla alemán/inglés?

Zahlen
eins – uno
zwei – dos
drei – tres
vier – cuatro
fünf – cinco
sechs – seis
sieben – siete
acht – ocho
neun – nueve
zehn – diez
hundert – cien

Wochentage
Montag – lunes
Dienstag – martes
Mittwoch – miércoles
Donnerstag – jueves
Freitag – viernes
Samstag – sábado
Sonntag – domingo

Unterwegs
Wie kommt man nach …? – ¿Por dónde se va a…?
Wo ist … – ¿Dónde está …
Wo finde ich … – ¿Dónde encuentro …
Eine Fahrkarte nach … bitte! – ¡Quisiera un pasaje a …, por favor!

Essen und Trinken
Die Speisekarte bitte! – El menu, ¡por favor! [el menu por fabor]
Die Rechnung bitte! – La cuenta, ¡por favor!
Ich hätte gern … – Quisiera …, ¡por favor!

Einkaufen
Haben Sie …? – ¿Hay …?
Wie viel kostet …? – ¿Cuánto vale …?

Kulinarisches Lexikon

A
ackra cakes – frittierte Bohnenbällchen (auch accra cakes)
acras – frittierte Fischbällchen
adella – Dessertsauce für Eis aus ▸ chayote, braunem Zucker und Rum
alcaparrado – süßsaure Würzmischung aus Oliven, Rosinen und Kapern
annatto – rot-orange Samen des Orleansstrauchs, leicht bitter

B
Bajan chicken – Hühnchen auf Barbados-Art (gewürzt, paniert, frittiert)
bamia (auch bamya) – andere Bezeichnung für okra
black pudding and souse – eine Art Blutwurst mit Schweinskopf-Fleisch in Sauce (auch blood pudding)
blackened fish – marinierter, scharf angebratener Fisch
breadfruit with ackees – Brotfrucht mit Akipflaumen und Stockfisch
bush tea – Kräutertee, manchmal (illegal) aus Marihuana-Blättern

C
calabash – Kürbisart
calalou – scharfer Gemüseeintopf
carambola – Karambole, Sternfrucht
cassareep – ausgepresster, gekochter Manioksaft; meist mit Zimt, Nelken und braunem Zucker gewürzt
cassava – Maniok, wird wie Kartoffeln verwendet
channa – geröstete Kichererbsen
chayote – Kürbisart
chowder – gebundene Suppe mit Sahne
chicken – Huhn
cilantro – langer Koriander
corn – Mais
crabes farcis – mit Kräutern und Knoblauch gewürzte Taschenkrebse

D
dasheen – andere Bezeichnung für ▸ taro
dolphin fish – Goldmakrele, auch ▸ mahi-mahi

F
floats – ausgebackene Hefeküchlein
fool – Creme, z. B. aus Mango; wörtlich »Narr«

G
garam masala – indische Gewürzmischung
garlic – Knoblauch
ginger – Ingwer
grits – Brei aus püriertem Mais oder Getreidekörnern
guanabana – andere Bezeichnung für ▸ soursop
gumbo – Eintopf mit Fleisch oder Fisch und Okras
gundy – kalte Vorspeise, meist mit frischem, geräuchertem oder eingelegtem Fisch

H
harissa – scharfe Paste aus Chili, Kreuzkümmel und Koriander

J
jalapeño – scharfe grüne oder rote Pfefferschote
jambalaya – Reisgericht, ähnlich der Paella
janga, jonga – Flusskrebs
jerked pork – gewürztes gegrilltes Schweinekotelett, auch jerk pork

johnny cakes – frittierte Mehlbällchen, Beilage zu Fisch und Fleisch

joloffe chicken – Hühnergericht mit Palmöl, getrockneten Krabben und Reis

jug jug – Eintopf mit Hirse

L

ladyfinger – andere Bezeichnung für ▶ okra

lamb – Lamm

lime – Limette

M

mahi-mahi – Goldmakrele, auch ▶ dolphin fish

matrimony – »Hochzeit«, Dessert aus Orangen und Karambolen

mescal – mexikanischer Agavenschnaps

moros y cristianos (»Mauren und Christen«) – Reis mit schwarzen Bohnen

N

nutmeg – Muskatnuss

O

okra – Okraschote

otaheite apple – birnenförmige rote, weißfleischige Frucht, wird meist roh gegessen

P

palmito – Palmherzen

pepper pot – scharf gewürzter Eintopf

pepper sauce – auf jeder Insel anders zubereitete scharfe Sauce

persimmon – Kaki

pigeon pea (auch gungo pea) – Zutat für »Reis mit Bohnen« – in der Karibik sind die Grenzen zwischen Erbsen und Bohnen fließend; meist sind rote, schwarze oder Wachtelbohnen gemeint

pilaf, pilau – Pilaf, Reisgericht

pili-pili – kleine, scharfe Pfefferschote

pineapple – Ananas

pitch lake – Bezeichnung für eine Schokoladencreme

plantain, plaintain – Kochbanane

pork – Schwein

R

ropa vieja (»alte Klamotten«) – Eintopf mit Rindfleisch, grüner Paprika, Tomaten, Oliven und Kapern

rummy oranges – Dessert aus Orangen und Rum

rundown – in Kokosmilch gegarter Fisch, mit Tomaten, Knoblauch, Chili

S

sauce chien – sehr scharfe Sauce zu Geflügel, Fisch und Meeresfrüchten, die vorwiegend aus Gemüse besteht

soursop – herzförmige Frucht mit weißem säuerlich-aromatischen Fleisch, auch guanabana

souse – eine Art pikante Schweinskopfsülze, oft mit pudding, Blutwurst, serviert

stamp and go – pikante frittierte Bällchen aus Stockfisch, Schalotten, Chili, Tomaten und Mehl

sweet potato – Süßkartoffel, Batate

T

tamarind – Schoten mit süß-saurem dunkelbraunen Mark und ungenießbaren Kernen

tapioca – Maniokmehl

taro – Taro-Knolle, wird wie Kartoffeln verwendet; auch ▶ dasheen

U

ugli – Kreuzung aus Grapefruit und Mandarine

Reisepraktisches von A–Z

ANREISE

Inselname	Hauptstadt	Landessprache	Einwohnerzahl	Größe in qkm
Antigua (Antigua & Barbuda)	St. John's	Englisch, Kreolisch	89 000	442
Aruba (Niederländische Antillen)	Oranjestad	Niederländisch, Papiamento	108 000	181
The Bahamas	Nassau, New Providence	Englisch	354 000	13 940
Barbados	Bridgetown	Englisch	287 000	431
Curaçao (Niederländische Antillen)	Willemstad	Niederländisch, Papiamento	160 000	444
Dominikanische Republik	Santo Domingo	Spanisch	10,3 Millionen	48 730
Grand Turk (Turks & Caicos Islands)	Cockburn Town, Grand Turk	Englisch	7800	18
Grenada	St. George's	Englisch	110 000	344
Guadeloupe (Französische Antillen)	Basse-Terre	Französisch	447 000	1780
Jamaika	Kingston	Englisch, Patois	2,9 Millionen	10 990
Kuba	Havanna	Spanisch	11,5 Millionen	109 861
Martinique (Französische Antillen)	Fort-de-France	Französisch	436 000	1106
Nevis (St. Kitts & Nevis)	Basseterre	Englisch	14 000	93
Puerto Rico	San Juan	Spanisch	3,9 Millionen	8897
Saint-Barthélemy (Französische Antillen)	Gustavia	Französisch	8900	21
Saint Lucia (St. Lucia)	Castries	Englisch, Kreolisch	190 000	619
Saint-Martin (Französische Antillen)	Marigot	Französisch	36 000	53
Sint Maarten (Niederländische Antillen)	Philipsburg	Niederländisch	38 000	34
St. Kitts (St. Kitts & Nevis)	Basseterre	Englisch	39 000	176
St. Thomas (US Virgin Islands)	Charlotte Amalie	Englisch	55 000	83
Trinidad (Trinidad & Tobago)	Port of Spain	Englisch	1,3 Millionen	5128

MIT DEM FLUGZEUG

Ist die Anreise mit dem Flugzeug zu einem Abfahrtshafen in Florida oder in den übrigen USA sowie der Karibik nicht im Arrangement enthalten, hat man die Wahl unter diversen Fluglinien, die täglich nach Miami, Fort Lauderdale und Tampa verkehren: Lufthansa, Air France, KLM, Northwest Airlines, US Airways, Delta Air Lines, Continental Airlines und American Airlines.

Auf www.atmosfair.de und www.myclimate.org kann jeder Reisende durch eine Spende für Klimaschutzprojekte für die CO_2-Emission seines Fluges aufkommen.

AUSKUNFT

KARIBIK ALLGEMEIN
Caribbean Tourism Organisation
c/o INEX, Hadrian Str. 12, 61130 Nidderau • Tel. 0 61 87/90 07 80 • www.karibik-info.de

FRANZÖSISCHE ANTILLEN
Atout France
Postfach 100128, Frankfurt/M., Fax 0 69/74 55 56 • (Guadeloupe, Martinique, Saint-Barthelémy, Saint-Martin) • www.rendezvousenfrance.com

NIEDERLÄNDISCHE ANTILLEN
Aruba Tourism Authority
Kleiner Ring 7, 64342 Seeheim • Tel. 0 62 57/5 07 6950 • www.aruba.de

Curaçao Tourist Board
Arnulfstr. 31, 80636 München • Tel. 0 89/51 70 32 98 • www.curacao.de

ANTIGUA
Antigua Dept. of Tourism
Thomasstr. 11, 61348 Bad Homburg • Tel. 0 61 72/2 15 04 • www.visitantiguaandbarbuda.com

BAHAMAS
Bahamas Tourist Office
Waldstr. 17, 61479 Glashütten • Tel. 0 61 74/61 90 14 • www.bahamas.de

BARBADOS
Barbados Tourism Authority
Josephspitalstr. 15, 80331 München • Tel. 0 89/5 52 53 38 34 • www.barbados-karibik.de

DOMINIKANISCHE REPUBLIK
Fremdenverkehrsamt Dominikanische Republik
Hochstr. 54, 60313 Frankfurt • Tel. 0 69/91 39 78 78 • www.godominicanrepublic.com

GRENADA
Grenada Board of Tourism
Schenkendorfstr. 1, 65187 Wiesbaden • Tel. 06 11/2 67 67 20 • www.grenadagrenadines.com

JAMAIKA
Jamaica Tourist Board
Schwarzbachstr. 32, 40822 Mettmann • Tel. 0 21 04/83 29 74 • www.visitjamaica.com

KUBA
Fremdenverkehrsamt Kuba
Stavangerstr. 20, 10439 Berlin • Tel. 0 30/44 71 96 58 • www.cubainfo.de

PUERTO RICO
Puerto Rico Tourist Board
Schenkendorfstr. 1, 65187 Wiesbaden • Tel. 06 11/26 76 71-0 • www.seepuertorico.com

SAINT LUCIA
Saint Lucia Tourist Board
Kälberstücksweg 59, 31350 Bad Homburg • Tel. 0 61 72/499 41 38 • www.stlucia.org

TRINIDAD
Trinidad & Tobago Tourist Office
c/o Aviareps Tourism GmbH, Josephspitalstr. 15, 80331 München • Tel. 0 89/5 52 53 34 14 • www.gotrinidadandtabago.com

BUCHTIPPS
Alex Webb: Karibik (Mareverlag, Hamburg 2010) Der bekannte Fotograf blickt in die Hinterhöfe der Karibik.

Andrea Levy: Das lange Lied eines Lebens (DVA 2011) Der Roman spielt Mitte des 19. Jh. auf Jamaika und schildert das Leben der Sklaven und ihre Befreiung.

BUCHUNGSADRESSEN
DEUTSCHLAND
AIDA Cruises
Am Strande 3d, 18055 Rostock • Tel. 03 81/20 27 06 00 • www.aida.de

Costa Kreuzfahrten
Am Sandtorkai 39, 20457 Hamburg, Tel. 0 40/5 70 12 13 14 • www.costakreuzfahrten.de

Hapag-Lloyd Kreuzfahrten
Ballindamm 25, 20095 Hamburg • Tel. 0 40/30 70 30 70 • www.hl-kreuzfahrten.de

MSC Kreuzfahrten
Ridlerstr. 37, 80339 München • Tel. 0 89/2 03 04 38 01 • www.msc-kreuzfahrten.de

Peter Deilmann Reederei
Am Holm 25, 23730 Neustadt/Holstein • Tel. 0 45 61/39 61 00 • www.deilmannkreuzfahrten.de

Royal Caribbean Cruise Line
Lyoner Str. 20, 60528 Frankfurt • Tel. 0 69/92 00 71 55 • www.royalcaribbean.de

Sea Cloud Cruises
An der Alster 9, 20095 Hamburg • Tel. 0 40/30 95 92 50 • www.seacloud.com

TUI Cruises
Anckelmannsplatz 1, 20537 Hamburg • Tel. 0 40/2 86 67 71 11 • www.tuicruises.com

GELD
Antigua, Grenada, St. Kitts & Nevis, St. Lucia (East Caribbean Dollar)

1 XCD	0,27 €
1 €	3,61 XCD
1 SFr	2,98 XCD

Aruba (Aruba Florin)

1 AWG	0,51 €
1 €	2,39 AWG
1 SFr	1,98 AWG

Bahamas (Bahama-Dollar)

1 BSD	0,75 €
1 €	1,34 BSD
1 SFr	1,10 BSD

Barbados (Barbados Dollar)

1 BBD	0,38 €
1 €	2,66 BBD
1 SFr	2,90 BBD

Curaçao, Sint Maarten (Niederländischer Antillengulden)

1 ANG	0,41 €
1 €	2,41 ANG
1 SFr	1,99 ANG

Dominikanische Republik (Dominikanischer Peso)

1 DOP	0,02 €
1 €	58,27 DOP
1 SFr	48,12 DOP

Guadeloupe, Martinique, Saint-Barthélemy, Saint-Martin (Euro)

1 SFr	0,83 €

Jamaika (Jamaika-Dollar)

1 JMD	0,01 €
1 €	151,15 JMD
1 SFr	124,82 JMD

Kuba (Cuba Convertible Peso)

1 CUC	0,75 €
1 €	1,33 CUC
1 SFr	1,10 CUC

Turks & Caicos Islands, St. Thomas, Puerto Rico (US-Dollar)

1 USD	0,75 €
1 €	1,33 USD
1 SFr	1,10 USD

Trinidad & Tobago (Trinidad & Tobago Dollar)

1 TTD	0,12 €
1 €	8,57 TTD
1 SFr	7,07 TTD

In der Karibik gibt es viele unterschiedliche Währungen. Immer finden sich in der Nähe des Kreuzfahrtpiers Geldautomaten (ATM), an denen sich mit der Konto- oder Kreditkarte Bargeld beschaffen lässt.

GESUNDHEITSVORSCHRIFTEN

Impfungen sind nicht erforderlich.

INTERNET

Auf allen Kreuzfahrtschiffen gibt es Internetverbindungen und in den öffentlichen Bereichen WLAN-Zugang, bei einigen Linien auch in den Kabinen, doch kostet die Nutzung bis zu 50 Eurocents pro Minute.

MEDIZINISCHE VERSORGUNG

Viele Schiffe verfügen über eine eigene Krankenstation mit ausgebildetem Fachpersonal und Arzt sowie über eine Apotheke. An Bord erbrachte Leistungen müssen privat bezahlt werden. Es empfiehlt sich außerdem der Abschluss einer Auslandskrankenversicherung, die Krankenrücktransporte mitversichert.

PREISE

Auf fast allen Karibikinseln kann man auch mit US-Dollar bezahlen. Auf mehreren Inseln gelten bei Museen und Sehenswürdigkeiten für Einheimische und Touristen unterschiedliche Preise; werden diese in US-Dollar genannt, werden sie auch im Buch so aufgeführt.

REISEZEIT

In der Karibik herrscht tropisches bis subtropisches Klima, d. h., die Inseln sind mit 24–29 °C mittlerer Tagestemperatur ein ganzjähriges Reiseziel mit Ausnahme der Monate August bis November: Dann regnet es nicht nur, sondern es drohen gelegentlich auch Hurrikane. Die Regenzeit ist für die einzelnen Inseln unterschiedlich, im Winter regnet es weniger, im Sommer gibt es eine hohe Luftfeuchtigkeit. Die Wassertemperatur ist ein paar Grad geringer als die der Luft.

SCHLÜSSELKARTEN

Die Bordkarte ist meist auch Zugangsausweis, Schlüssel- und Bordkreditkarte – also wichtiges Ausweispapier während der Reise. Sie muss beim An-Bord-Gehen immer zur Legitimation vorgelegt werden.

TELEFON
VORWAHLEN

Aruba 0 02 97
Antigua, Bahamas, Barbados, Dominikanische Republik, Grand Turk Island, Grenada, Jamaika, Nevis, Puerto Rico, St. Kitts, St. Lucia, St. Thomas, Trinidad 0 01
Kuba 00 53
Guadeloupe, Saint-Barthélemy 0 05 90
Curaçao, Sint Maarten 0 05 99
Martinique 0 05 96

Deutschland 00 49
Österreich 00 43
Schweiz 00 41

Von der Kabine aus zu telefonieren ist meist sehr teuer. In Küstennähe kann man zu den normalen Roaming-Tarifen seines Providers mit dem Mobiltelefon telefonieren. Auf vielen Schiffen ist mobiles Telefonieren auch auf hoher See möglich, allerdings nicht mit Prepaid-Karten. Die meisten Schiffe sind zudem auch in der Regel über eine Festnetznummer, unabhängig von ihrem jeweiligen Standort, erreichbar.

TRINKGELD

Die meisten Reedereien rechnen pauschal über die Bordkreditkarte pro Tag einen bestimmten Betrag als Trinkgeld ab. Auf einigen Schiffen ist das Trinkgeld bereits vollständig im Reisepreis inbegriffen.

ZEITVERSCHIEBUNG

Der Zeitunterschied beträgt im Winter 5, im Sommer 6 Std. (MEZ).

ZOLL

Folgende Richtmengen dürfen bei der Ankunft in Europa nicht überschritten werden: 200 Zigaretten oder 100 Zigarillos oder 50 Zigarren oder 250 g Tabak; 1 l Rum (über 22 % Alkohol) oder 2 l Zwischenerzeugnisse (22 % oder weniger); 500 g Kaffee. Gänzlich verboten ist die Einfuhr von Produkten, die unter das Washingtoner Artenschutzabkommen fallen.
Weitere Auskünfte erhalten Sie unter www.zoll.de, www.bmf.gv.at/zoll und www.zoll.ch.

Mittelwerte	JAN	FEB	MÄR	APR	MAI	JUN	JUL	AUG	SEP	OKT	NOV	DEZ
Tagestemperatur	27	27	28	29	29	29	29	29	30	29	29	28
Nachttemperatur	22	21	22	22	23	23	23	24	24	23	23	22
Sonnenstunden	8	8	9	9	8	8	8	8	7	7	8	8
Regentage pro Monat	17	12	13	13	15	18	22	20	19	18	17	16
Wassertemperatur	26	26	27	27	27	27	28	28	28	28	28	27

Kartenatlas

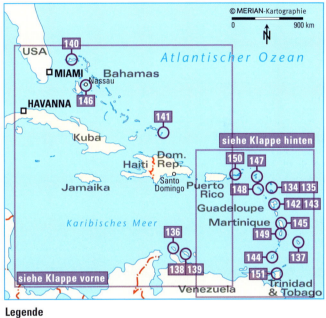

Legende

Sehenswürdigkeiten
- MERIAN-TopTen
- MERIAN-Tipp
- Sehenswürdigkeit, öffentl. Gebäude
- Sehenswürdigkeit Kultur
- Sehenswürdigkeit Natur
- Kirche
- Moschee
- Synagoge
- Fort, Festung
- Klosterruine
- Museum
- Theater
- Denkmal
- Archäologische Stätte

Verkehr
- Autobahn
- Autobahnähnliche Straße
- Fernverkehrsstraße
- Hauptstraße
- Nebenstraße
- Unbefestigte Straße, Weg
- Busbahnhof
- Flughafen

Sonstiges
- Information
- Markt
- Zoo
- Botschaft, Konsulat
- Leuchtturm
- Strand
- Stadtmauer
- Friedhof

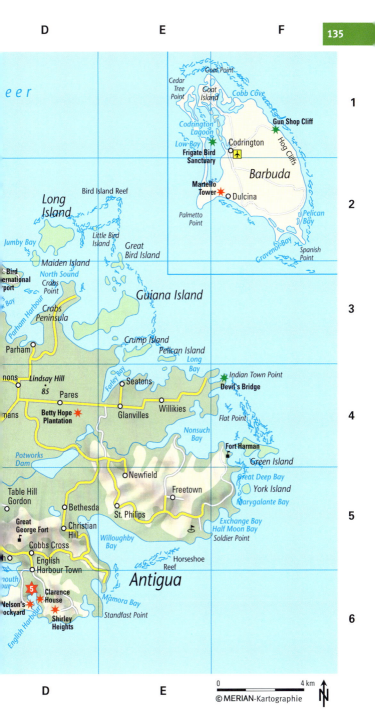

Curaçao

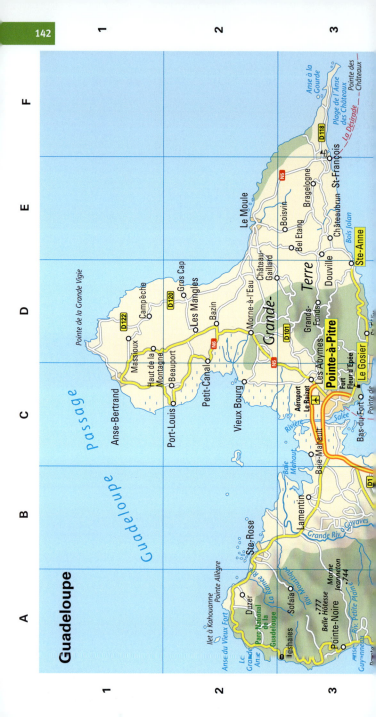

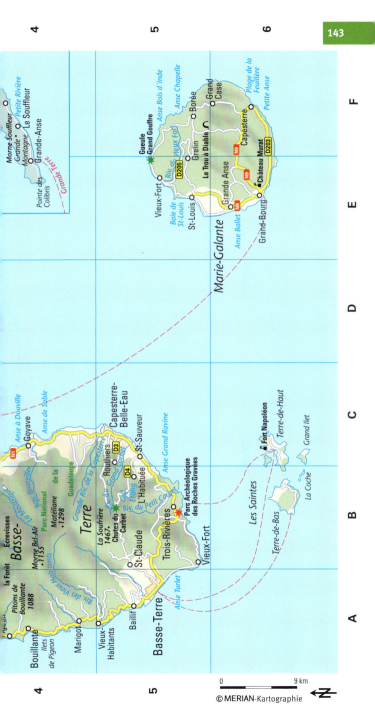

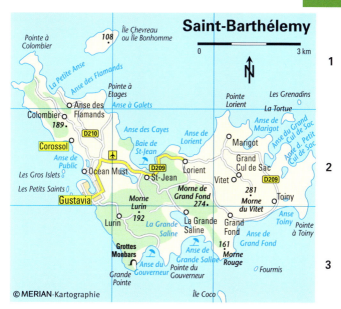
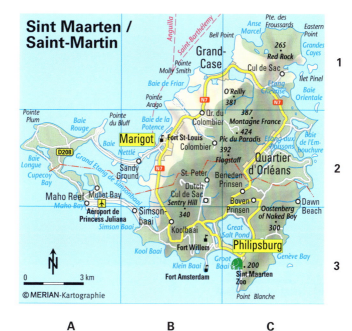

Kartenregister

ANTIGUA & BARBUDA
All Saints C4
Barnes Hill C3
Beggars Point C2
Bendals C4
Bethesda D5
Betty Hope Plantation D4
Bird Island Reef E2
Blue Waters Bay B2
Boggy Peak B5
Bolans B4
Boon Point C2
Buckleys C4
Cades Bay B6
Cades Reef B6
Carlisle Bay B6
Cedar Grove C2
Cedar Tree Point E1
Christian Hill D5
Clarence House D6
Cobb Cove F1
Cobbs Cross D5
Codrington F1
Codrington Lagoon E1
Crab Hill A5
Crabs Peninsula D3
Crabs Point D3
Creekside B4
Crosbies C2
Crump Island E3
Dark Wood Beach A5
Deep Bay A3
Devil's Bridge F4
Dickenson Bay B2
Dulcina F2
Ebenezer B4
Emanuel C4
English Harbour D6
English Harbour Town D5
Exchange Bay F5
Falmouth D5
Falmouth Harbour D6
Farley Bay E4
Fisher Hill C6
Fitches Creek Bay D3
Five Islands Harbour A4
Five Islands Village B3
Flat Point F4
Fort Barrington A3
Fort Harman F4
Fort James B3
Freemans D4
Freetown E5
Frigate Bird Sanctuary E1
Fullerton Point A4
Glanvilles E4
Goat Island E1
Goat Point F1
Golden Grove B4
Gravenor Bay F2
Great Bird Island E2
Great Deep Bay F5
Great George Fort D5
Green Castle Hill B4
Green Island F4
Guiana Island E3
Gun Shop Cliff F1
Half Moon Bay F5
Hawks Bill Bay A3
Hermitage Bay A4
Hog Cliffs F1
Horseshoe Reef E5
Indian Town Point F4
Jennings B5
John Hughes C5
Johnsons Point A5
Jumby Bay D2
Liberta C5
Lignumvitae Bay A4
Lindsay Hill D4
Little Bird Island E2
Long Bay E3
Long Island D2
Low Bay E1
Maiden Island D3
Mamora Bay E6
Martello Tower F2
Marygalante Bay F5
Morris Bay B6
Mosquito Cove A4
Mt. Thomas B3
Nelson's Dockyard D6
New Winthorpes C2
Newfield E5
Nonsuch Bay E4
North Sound D3
Old Road B6
Old Road Bluff B6
Osbourn C3
Palmetto Point E2
Pares D4
Parham D3
Parham Harbour D3
Pearns Hill A4
Pearns Point A4
Pelican Bay F2
Pelican Island E3
Piggotts C3
Pinching Bay A3
Potters Village C3
Rendezvous Bay C6
Sage Hill C5
Salt Pond B3
Sawcolts C5
Sea View Farm C4
Seatons E4
Shirley Heights D6
Signal Hill C5
Soldier Point F5
Spanish Point F2
St. John's B3
St. Johnston Village C3
St. Lukes C4
St. Mary's Church C6
St. Philips E5
Standfast Point E6
Swetes C5
Table Hill Gordon D5
Urlings B5
V.C. Bird International Airport D3
Vernons D4
Willikies E4
Willoughby Bay E5
York Island F5

ARUBA
Alto-Vista-Kapelle A3
Arashi Beach A2
Arikok-Nationalpark B4
Ayo B3
Baby Beach C5
Bacoval A2
Boca Andicuri B3
Boca Cura A2
Boca Daimari B3
Boca Grandi C5
Boca Prins C4
Brasil C5
Butterfly Farm A3
Calbas A3
California Leuchtturm A2
Casibari B3
Ceru Colorado C5
Ceru-Colorado-Leuchtturm C5
De Olde Molen A3
Dos Playa C4
Druif A2
Druif Beach A3
Eagle Beach A3
Fontein-Höhle C4
Goldschmelze Balashi B4
Goldschmelze Bushiribana B3
Guadirikiri-Höhle C4
Huliba-Höhle C4
Jamanota B4
Janana B3
Madiki A3
Malmok A3
Muschelsammlung A3
Natural Bridge B3
Natural Pool B3
Noord A3
Oranjestad A3
Palm Beach A3
Paradera A3
Ponton A3
Pos Chiquito B4
Rincon C4
Rooi Tambu B4
Sabana Blancu A3
Sabana Grandi B4
San Nicolas C5
Santa Cruz B4
Santo Largo Beach B4
Savaneta B4
Simeon Antonio A4
Sokotoro A3
Solitu A3
Sonesta Island A4
Spanische Lagune B4
Tanki Lender A3
Tunnel of Love C4
Wariruri B3
Washington A3
Wrack des dt. Frachters Antilla A2

BARBADOS
Andromeda Botanical Gardens B3
Animal Flower Cave A2
Archer's Bay A2
Ashford Bird Park B4
Bagatelle Great House A4
Bank Hall A5
Barbados Wildlife Reserve A2
Bathsheba B3
Bayfield C4
Belair B4
Belleville A5
Black Rock A4
Boscobelle B2
Brereton B4
Bridgetown A5
Carlisle Bay A5
Carlton House A3
Cattlewash B3
Cave Hill B2
Chalky Mount Potteries B3
Congor Bay C4
Conset Point C4
Crab Hill A2
Cuckold Point B2
Drax Hall B4
Edey B5
Edge Hill A4
Enterprise B5
Farley Hill Nat. Park A3
Flower Forest B3
Folkestone Underwater Park and Marine Mus. A3
Francia Plantation House B4
Fryer's Well Bay A3
Gay's Cove B2
Government House B5
Grantley Adams International Airport C5
Greens B4
Greenwich House A4
Greshie Bay A2
Gun Hill Signal Station B4
Hannays A2
Harrison Point A2
Harrison's Cave B4
Hastings A5
Heywoods Beach A3
Holders A4
Holetown A4
Lakes Beach B3
Lazaretto Gardens A4

Kartenregister 153

Long Bay C4
Marchfield C4
Massiah Street C4
Merricks C4
Morgan Lewis Mill B3
Mullins Beach A3
Nesfield A2
Newton B4
North Point A2
Oistins B5
Oistins Bay B5
Oliver's Cave C5
Orange Hill A3
Oughterson Wildlife Park C4
Paynes Bay A4
Porters A3
Prospect A4
Race Course A5
River Bay A2
Rock Hall A3/A4
Rose Hill A3
Rum Factory & Heritage Park C4
Salt Cave C5
Sandy Beach B5
Sandy Lane A4
Shorey B3
Silver Sands Beach B5
Skeete's Bay C4
South Point B5
Speightstown A3
Spring Hall A2
St. Davids B5
St. Martins C5
St. Patricks B5
Summervale C4
Sunbury Plantation House C4
The Crane C5
The Spout A2
Tyrol CotHeritage Village A4
Valley B4
Venture B4
Villa Nova B4
Walkers Beach B3
Welchman Hall Gully B4
Wilcox B5
Woodbourne C5
Worthing B5

CURAÇAO
Barber B2
Bartolbaai B2
Boca Grandi A3
Boca Santu Pretu E4
Boca Tabla A1
Bottelier D5
Brakke Put E5
Brievengat D5
Buena Vista D5
Bullenbaai C4
Caracasbaai E6
Cas Abao B3
Cercu Pascu A2
Christoffel Nationalpark A2
Christoffel-Berg A2
Cornelisbaai D6
Daaibooibaai B4
Emmastad D5
Fontein B3
Hato D4
Hato Höhlen C4
Jan Thielbaai D6
Jan-Thiel Lagune D6
Julianadorp C4
Knipbaai A2
Koral Tabak E5
Lagun A2
Landhuis Ascención B3
Landhuis Brievengat D4
Landhuis Cas Abao B3
Landhuis Ceru Grandi C4
Landhuis Daniel C4
Landhuis Groot Santa Marta A3
Landhuis Knip A1
Landhuis Kok B4
Landhuis Papaya C4
Landhuis Savonet A1
Liqueur Distillery D5
Nieuwpoort E6
Noordpunt A1
Oostpunt F6
Otrobanda D5
Playa Chikitu A3
Playa Fort A1
Playa Grandi B2
Playa Lagun A2
Punda D5
Punt Kanon F6
San Willibrordo B3
Santa Cruz A2
Santa Martabaai A3
Schottegat D5
Sea Aquarium D6
Sint Jorisbaai E5
Sint Michiel C5
Soto A3
Spaanse Water E6
Spaansebaai E6
St. Hyronimus A2
Sta. Annabaai D5
Tafelberg E6
Wacawa B2
Westpunt A1
Westpuntbaai A1
Willemstad D5
Zeelandia D5
Zoo und Botanischer Garten D5
Zorgvlied A1

GRAND BAHAMA
August Cay F2
Barbary Beach C3
Bevans Town D2
Big Whale Cay A2
Bill Bride Cay F1
Bootle Bay A2
Buccaneer Beach West A3
Cashs Cay F1
Churchill Beach C3
Cormorant Point B2
Crishy Swash C1
Cross Cays F1
Deadman's Reef A3
East End Point F3
Eight Mile Rock A3
Fortune Beach C3
Freeport Harbour B3
Freeport Int. Airport B3
Freeport/Lucaya B3
Freetown B3
Garden of the Groves B3
Great Sale Cay E1
Halls Point D2
High Rock Village D2
Holmes Rock A2
Lewis Yard B3
Little Harbour Cay F2
Little Water Cay C2
Long Cay F3
Lucayan National Park C2
Mangrove Cay C1
McLean's Town F2
Nesbit Town A2
Noss Mangrove C1
Pelican Beach E2
Pelican Point E2
Riding Point on Northside E2
Rocky Creek E2
Southeast Point D1
Sweetings Cay Settlement F2
Symonette Cay B2
Taino Beach B3
Tom and Jerry Cay B2
Upper Sandy Harbour C1
West End A2
West End or Sponge Cay F1

GRAND TURK
Boaby Rock Point B6
Cedar Grove Beach A4
Cockburn Town B3
Corktree Beach A2
English Point A5
Fisherman's Beach C2
Flamingo Beach C2
Gibbs Cay C5
Governor's Beach A5
Grand Turk Airport B5
Grand Turk Cruise Center B6
Grand Turk Lighthouse B1
Great Salina B4
Gun Hill C6
Hawks Nest Salina B5
Hawks Pond Salina B5
Historic Downtown B4
Holy Cross Catholic Church B5
Lighthouse Park B1
Little Buff Point B1
Materson's Point C5
Methodist Church B4
North Creek B2
North Wells B2
Palm Grove A4
Pillory Beach A3
Salem Baptist Church B3
South Creek National Park B5
St. Mary's Anglican Church B4
St. Thomas Church B4
The Sound B4
Town Beach A4
Town Salina B3
Turks & Caicos National Museum B3
Waterloo Golf Club B5
West Road Beach A3
White Sands Beach B6

GRENADA
Annandale Falls B2
B. Bacolet B3
Beauregard B2
Beauséjour R. A2
Bylands B2
Calivigny Island B3
Chantimelle B1
Concord B2
Concord Falls B2
Dougaldston Estate B2
Duquesne Bay B1
Fort Frederick B3
Fort George B3
Fort Jeudy B3
Glover Island A3
Gouyave B2
Gouyave Bay B2
Grand Anse A3
Grand Anse Bay A3
Grand Bay A3
Grand Etang NP B2
Grand Mal Bay A2
Grand Roy A2
Great Bacolet Bay C2
Great R. B2
Green Island C1
Grenada Bay C1
Grenville B2
Grenville Bay C2
Halifax Harbour A2
Lance aux Epines A3
Leapers Hill B1
Levera NP C1
Little R. B2
Londonbridge Island C1
Marquis C2
Marquis Island C2

Molinière A2
Molinière Point A2
Morne Rouge B. A3
Mt. Moritz A2
Mt. Sinai B2
Mt. St. Catherine B2
Munich C2
Paradise C2
Pearls Rock C2
Peggy's Whim C1
Pomme Rose B3
Pt. Salines Int. Airport A3
River Antoine Rum Dist. C1
River Sallee C1
Rose Hill C1
Sandy Island C1
Sauteurs B1
Sauteurs Bay C1
Seven Sister Waterfalls B2
Simon R. B2
South East Mt. B2
St. Andrews Bay C2
St. David's B3
St. George's A3
St. Mark Bay B1
St. Patrick R. B1
Tivoli C1
Union B1
Victoria B1
Westerhall Point B3
Willis B2

GUADELOUPE

Aéroport Le Raizet C3
Anse à Douville C4
Anse à la Gourde F3
Anse Ballet E6
Anse Bois d'Inde F5
Anse Chapelle F5
Anse de Sable C4
Anse du Vieux Fort A2
Anse Grand Ravine B5
Anse Guyonneau B3
Anse Turlet A5
Anse-Bertrand C1
Baie de St-Louis E5
Baie Mahault F4
Baie Mahaut B3
Baie-Mahault C3
Baillif A5
Bas-du-Fort C3
Basse-Terre A5
Bazin D2
Beauport C2
Bel Etang E3
Belle Hôtesse A3
Bois Jolan E3
Boisvin E3
Borée F5
Bouillante A4
Bragelogne E3
Campêche D1
Capesterre F6
Capesterre-Belle-Eau C5
Cascade aux Ecrevisses B4
Château Murat E6
Châteaubrun E3
Château-Gaillard D2
Chutes du Carbet B5
Deshaies A3
Domaine de Valombreuse B4
Douville E3
Duzer A2
Fort Fleur d'Epée C3
Fort Napoléon C6
Goyave C4
Grand Case F6
Grand Ilet C6
Grand-Bourg E6
Grande Anse E6
Grande Montagne F4
Grande Riv. de la Capesterre B4
Grande Riv.à Goyaves B3
Grande-Anse E4
Grands-Fonds D3
Grd.Etang B5
Grelin E5
Gros Cap D2
Gueule Grand Gouffre E6
Haut de la Montagne D1
Ilet à Kahouanne A2
Ilet du Gosier B3
Ilets de Pigeon A4
L'Habituée B5
La Coche B6
La Grande Anse A2
La Lézarde Riv. B3
La Moustique Riv. B4
La Ramée Riv. A2
La Réserve Cousteau A4
La Soufrière B5
Lamentin B3
Le Gosier D3
Le Moule E2
Le Souffleur F4
Le Trou à Diable F5
Les Abymes C3
Les Mamelles A4
Les Mangles D2
Les Saintes B6
Mahaut B3
Maison de la Forêt B4
Marie-Galante E6
Marigot A4
Massioux D1
Matéliane B4
Morne Bel-Air B4
Morne Jeanneton A3
Morne Souffleur F4
Morne-à-l'Eau D2
Parc Archéologique des Roches Gravées B5
Parc National de la Guadeloupe A2–B4
Parc Zoologique A3
Petit-Bourg C3
Petit-Canal D2
Petite Anse F6
Petite Rivière F4
Pigeon A4
Pitons de Bouillante A4
Plage de l'Anse des Châteaux F3
Plage de la Feuillère F6
Pointe Allègre A2
Pointe d. Grand Abaque F4
Pointe de la Grande Vigie D1
Pointe de la Verdure C3
Pointe des Châteaux F3
Pointe des Colibris E4
Pointe Mahaut A3
Pointe-à-Pitre C3
Pointe-Noire A3
Port-Louis C2
Rav. Bouteiller B4
Riv. des Vieux Habitants A4
Riv. du Grand Carbet B5
Riv. du Petit Carbet B5
Riv. du Vieux Fort E5
Riv. Moustique A3
Riv. Petite Plaine A3
Riv. Salée C3
Routhiers C5
Sofaïa A3
St-Claude B5
Ste-Anne D3
Ste-Rose B2
St-Félix D3
St-François E3
St-Louis E5
St-Sauveur C5
Terre-de-Bas B6
Terre-de-Haut C6
Trois-Rivières B5
Vernou B3
Vieux Bourg C2
Vieux-Fort B5/E5
Vieux-Habitants A5

MARTINIQUE

Ajoupa Bouillon B2
Anse à l'Ane A4
Anse Basse Pointe B1
Anse Caritan B6
Anse Céron A1
Anse Charpentier B2
Anse Couleuvre A1
Anse du Céron B5
Anse Turin A1
Baie de Fort-de-France A4
Baie de Sans-Souci C5
Baie des Anglais B6
Baie du François C4
Baie du Galion C3
Baie du Simon C4
Baie du Vauclin C5
Basse-Pointe B1
Bellefontaine A3
Bézaudin B2
Blancs C4
Cap Ferré C6
Cap St-Martin A1
Case-Pilote A3
Château Dubuc C3
Cul-de-Sac de Paquemar C5
Cul-de-Sac Ferré C6
Ducos C4
Fonds C4
Fond-St-Denis A2
Fort St-Louis A4
Fort-de-France A4
Galion C3
Grand' Rivière A1
Grande Anse B2
Grande Anse du Diamant A5
Grande Anse Macabou C5
Grde. Anse des Salines B6
Gros-Morne B3
Habitation Latouche A2
Havre de la Trinité B3
Havre du Robert C4
Ilet Chevalier C6
Ilet la Perle A1
Ilet Long C4
Ilet Oscar C4
Ilet Ragot ou de la Grotte C4
Ilet Ramville ou Chancel C3
Josseaud B5
La Caravelle C3
La Maison de la Canne A4
La Trinité C3
Le Carbet A2
Le Diamant A5
Le François C4
Le Jardin de Balata A3
Le Lamentin B4
Le Lorrain B2
Le Marin B5
Le Morne Rouge A2
Le Morne-Vert A2
Le Prêcheur A1
Le Robert C3
Le St-Esprit B4
Le Vauclin C5
Les Anses-d'Arlets A5
Les-Trois-Ilets A4
Lézarde Rivière B3
Macouba B1
Marigot B2
Monastère A3
Montagne du Vauclin C5
Montagne Pelée A1
Morne Bellevue B3

Morne des Esses B3
Morne Jacob B2
Musée de la Pagerie A4
Musée Paul Gaugin A2
Pelletier B3
Piton Mont Conil A1
Pitons du Carbet A3
Pointe de la Rose C4
Pointe de Marigot B2
Pointe des Nègres A4
Pointe des Salines B6
Pointe du Bout A4
Pointe du Diamant A5
Pointe du Vauclin C5
Pointe Dunkerque B6
Pointe la Mare A1
Pointe Marin B6
Pointe Ténos B2
Rade de St. Pierre A2
Rivière du Galion B3
Rivière du Lorrain B2
Rivière-Pilote B5
Rivière-Salée B5
Rocher du Diamant A5
Roches Gravées B5
Sainte-Marie B2
Schoelcher A3
Ste-Anne B6
Ste-Luce B5
St-Joseph B3
St-Pierre A2
Tartane C3
Trois Rivières B5

NEW PROVIDENCE
Adelaide Rd. B3–C3
Blue Hill Rd. D2–E2
Carmichael Rd. C3–E2
Coral Harbour Rd. C–C3
Cow Pen Rd. C3–D2
East St. E1–E3
Eastern Road E1–F2
Faith Ave. D2
Gladstone Rd. D2–D3
Harrold Rd. D2
John F. Kennedy Drive C1–D2
Nassau St. D2–E1
Prince Charles Ave. E2–F2
Shirley Street E1
South West Rd. A2–B3
Thompson Blvd. D2
West Bay St. B2–E1
Western Rd. A2–B2
Windsor Field Rd. B2–C1
Wulff St. E2
Yamacraw Hill Road F2

ST. BARTHELEMY
Anse des Flamands A2
Anse à Galets A2
Anse d. Petit C2
Anse de Grand Fond C3
Anse de Grande Saline B3
Anse de Lorient B2
Anse de Marigot C2
Anse de Public A2
Anse des Cayes B2
Anses des Flamands A2
Anse du Gouverneur B3
Anse du Grand C2
Anse Toiny C3
Baie de St-Jean B2
Colombier A2
Corossol A2
Cul de Sac C2
Fourmis C3
Grand Cul de Sac C2
Grand Fond C3
Grande Pointe B3
Grottes Monbars B3
Gustavia A2
Île Chevreau ou Ile Bonhomme A1/B1
Île Coco C3
La Grande Saline B3
La Petite Anse A2
La Tortue C2
Les Grenadins C2
Les Gros Islets A2
Les Petits Saints A2
Lorient B2
Lurin B3
Marigot C2
Morne de Grand Fond B3
Morne du Vitet C2
Morne Lurin B3
Morne Rouge C3
Ocean Must A2
Pointe à Colombier A1
Pointe à Etages A2
Pointe à Toiny C3
Pointe du Gouverneur B3
Pointe Lorient C2
St-Jean B2
Toiny C3
Vitet C2

ST. KITTS & NEVIS
Ballast Bay B4
Basseterre B3
Bloody Point A3
Boyd's A3
Brick Kiln Village C5
Brimstone Hill Fortress A2
Camps C5
Canada Estate B3
Canada Hill B3
Canoe Bay B4
Cayon B2
Challengers A3
Charlestown C5
Cotton Ground C5
Dieppe Bay A2
Dieppe Bay Town A2
Dogwood Point C6
Fig Tree C5
Fort Ashby C5
Fort Charles A2/B5
Fort Smith B3
Fountain C5
Gallows Bay B5
Golden Rock Airport B3
Grange Bay B2
Greenhill B3
H. Nelson Museum C5
Half Moon Bay B3
Holmes Hill C5
Long Haul Bay C4
Major's Bay B4
Mannings C5
Mansion B2
Middle Island A3
Monkey Hill B3
Montpelier Plantation C5
Mosquito Bay C4
Mt. Liamuiga A2
Mt. Nevis C5
Nag's Head B4
Nelson's Spring C5
Nevis C6
Newcastle C4
Newcastle Airport C4
Newton Ground A2
North Friar's Bay B3
Old Road Bay A3
Old Road Town A3
Ottley's B2
Palmetto Bay B3
Pembroke C5
Pinney's Beach C5
Qualie Bay C4
Romney Gardens A3
Saddle Hill C5
Sadlers A2
Sandy Bank Bay C4
Sandy Bay A2
Sandy Point Town A2
Shitten Bay B4
South Friar's Bay B4
South Frigate Bay B3
St. Anthony's C4
St. Kitts B2
St. Pauls A2
Tabernacle A2
Turtle Beach B3
White Bay C5
White House Bay B4
Willett's Bay A2
Windy Hill Point C4
Wingfield Petroglyphs A3
Zetlands C5
Zion C5

ST. LUCIA
Anse Chastanet A4
Anse Cochon A3
Anse des Pitons A5
Anse du Troumassée C5
Anse Ger C5
Anse L'Ivrogne A5
Anse la Raye A3
Anse La Voutte A3
Anse Lavoutte C1
Anse Louvet C3
Anse Patience C4
Anse se Sables C6
Au Leon C3
Augier B5
Babonneau B2
Beaumont Pt. A5
Belle Vue B5
Bexon B3
Bois d'Orange B1
Canaries A4
Canaries R. A4
Canelles R. C5
Cap Estate B1
Cape Marquis C1
Cape Moule à Chique C6
Cariblue Beach B1
Cas en Bas C1
Cassin C2
Castries B2
Choc Bay B2
Choc R. B2
Choiseul A5
Choiseul Bay A5
Debreuil A5
Dennery C3
Dennery Bay C4
Dennery I. C3
Dernière Rivière C3
Derrière Morne B6
Desbarra C2
Desruisseaux C5
Diamond Falls A4
Durandeau B3
Errard Plantation C4
Fond Assor B2
Fond d'Or B. C3
Fond d'Or R. B4
Fond R. B4
Fond St. Jacques A4
Frigate I. C4
Girard B2
Grande Anse B. C2
Grande Cul de Sac B. B2
Grande Ravine B3
Grande Rivière B2/C3
Gros Islet B1
Gros Piton A5
Hewanorra Int. Airport B5
Jacmel B3
L'Abbayée B3
La Borne C2
La Caye C3
La Croix Maingot B3
La Ressource C3
La Toc Bay B2
Laborie B6
Laborie Bay B6
Labrellotte Bay B1
Marc Marc B3
Maria Islands C6

156 REGISTER

Marigot Bay A3
Marigot de Roseau A3
Marisule Estate B2
Marquis Plantation C2
Marquis R. C2
Micoud C5
Mineral Baths A4
Mon Repos C4
Monchy C1
Mongouge A5
Morne Fortune B2
Morne La Combe B3
Morne Le Blanc B5
Mt. Gimie B4
Mt. Grd. Magazin B5
Paix Bouche B2
Petit Piton A4
Piaye B6
Piaye R. B5
Pierrot B5
Pigeon Island Nat. Hist. Park B1
Piton Flor B3
Pointe du Cap B1
Pointe Hardy C1
Port Castries B2
Praslin Bay C4
Pte. des Canelles C5 B2
Ravine Poisson B3
Reduit B1
Reduit Beach B1
Rodney Bay B1
Roseau Bay A3
Roseau R. B3
Saint Lucia Channel B1
Saint Vincent Passage C6
Saltibus B5
Savannes Bay C6
Scorpion Island C5
Soufrière A4
Soufrière Bay A4
St. Phillip A4
St. Urbain C6
Sulphur Springs A5
Ti Rocher C5
Troumassée R. C5
Turtle Watching C2
Vieux Fort B6
Vieux Fort Bay B6
Vieux Fort R. B5
Vigie Beach B2
Vigie Pen. B2

ST. MARTIN
Aéroport de Princess Juliana A3
Anse Marcel C1
Baie de Friar B1
Baie de la Potence B2
Baie de l'Embouchure C2
Baie Longue A2
Baie Nettlé A2
Baie Orientale C1
Baie Rouge A2
Bell Point B1
Beneden Prinsen C2
Boven Prinsen C2
Colombier B2
Cul de Sac C1
Cupecoy Bay A2
Dawn Beach C2
Dutch Cul de Sac B2
Eastern Point C1
Etang aux Poissons C2
Etang Chevrise C1
Flagstaff C2
Fort Amsterdam B3
Fort St-Louis B2
Fort Willem B3
Genève Bay C3
Grand Case B1
Grand Etang de Simsonbaai A2
Grandes Cayes C1
Great Salt Pond C3
Groot Baai C3
Ilet Pinel C1
Klein Baai B3
Kool Baai B3
Koolbaai B3
Maho Bay A3
Maho Reef A2
Marigot B2
Montagne France C2
Mullet Bay A2
Oostenberg of Naked Boy C3
O'Reilly C1
Philipsburg C3
Pic du Paradis C2
Point Blanche B3
Pointe Arago B2
Pointe du Bluff B2
Pointe Molly Smith B1
Pointe Plum A2
Pte. des Froussards C1
Qr. du Colombier B2
Quartier d'Orléans C2
Red Rock C1
Sandy Ground B2
Sentry Hill B2
Simson Baai A3
Simsonbaai B3
Sint Maarten Zoo C3
St. Peter B2

ST. THOMAS
Altona C2
Big Hans Lollik Island E1
Bluebeard's Castle D2
Bordeaux Hill B2
Bovoni Bay E3
Bovoni Cay E3
Brass Channel C1
Brommer Hill C2
Cabrita Point F2
Cassi Hill E2
Charlotte Amalie D2
Cockroach Island A1
Contant C2
Coral World Ocean Park F2
Cricket Rock B3
Crown Mountain C2
Cyril E. King Airport C2
Dog Island F3
Dorthea C2
Dutchcap Cay A1
Dutchcap Passage A1
Fort Christian D2
Fortuna B2
Frenchtown D2
Frydendal E2
Golfclub Mahogany Run Course D2
Grass Cay F2
Great Bay F3
Great St. James Island F3
Hassel Island D3
Inner Brass Island C1
Jersey Bay F3
Kalkun Cay A2
Leeward Passage E2
Limestone Bay D3
Little Hans Lollik Island D1
Little St. James Island F3
Mafolie D2
Magens Bay D2
Mandal E2
Middle Passage F2
Mingo Cay F2
Nadir E3
Nazareth F3
Outer Brass Island C1
Patricia Cay E3
Perseverence Bay C2
Picaro Point D1
Pillsbury Sound F2
Red Point C3
Saba Island C3
Salt Cay A2
Salt Cay Passage A2
Savana Island A3
Savana Passage A2
St. Peter Mountain C2
Stumps Bay B2
Thatch Cay E2
The Tunnels E2
Tutur E2
W. Gregerie Channel C3
Water Island C3
West Cay A2

TRINIDAD & TOBAGO
Arima C4
Asa Wright Nature Centre B4
Basse Terre B6
Biche C5
Bird Sanctuary Wild Fowl Trust B5
Buccoo Reef B1
Caroni Bird Sanctuary B4
Chacachacare Island A4
Chaguanas B4
Charlotteville C1
Cocos Bay C5
Corozal Point A4
Cunupia B4
Filette B3
Fort Granby C1
Fort James C1
Fullarton A6
Galeota Point C6
Golfo de Paría A5
Granville A6
Green Hill B4
Guapo Bay A5
Guayaguayare C6
Guayaguayare Bay C6
La Brea B5
Las Cuevas Beach A4
Manzanilla Point C4
Matelot C3
Matura C1
Matura Beach C4
Mayaro Beach C5
Monos Island A4
Moruga B6
Moruga Point C6
Mt. St. Benedict Monastery B4
Navet Dam C5
Paria Falls C4
Piarco Airport B3
Pierreville C5
Plymouth C1
Point Fortin A6
Point Radix C5
Port of Spain B4
Princes Town B5
Puenta Peñas A4
Redhead C4
Rio Claro C5
Roxborough C1
San Fernando B5
San Francique A6
San Juan B4
Sangre Grande C4
Sans Souci C3
Scarborough C1
Siparia B6
Speyside C1
St. Andrews's Golf Club B4
The Dragon's Mouth A4
Toco C3
Toco Beach C3
Tunapuna B4
Upper Manzanilla C4

Orts- und Sachregister

Wird ein Begriff mehrfach aufgeführt, verweist die **fett** gedruckte Zahl auf die Hauptnennung, eine *kursive* Zahl auf ein Foto.
Abkürzungen:
Hotel [H]
Restaurant [R]

A. C. Wathey Pier [Philipsburg] 109
Acuario [Havanna] 57
Acuario Nacional [Santo Domingo] 42
Aguaviva [R, Viejo San Juan] 68
Alcázar de Colón [Santo Domingo] **45**, *46*, 47
Alexander Hamilton Museum [Charlestown] 103
Almond Tree Restaurant [R, Ocho Ríos] 54
Altstadt/La Habana Vieja [Havanna, MERIAN-TopTen] 41, **57**, *58*, 60
Andromeda Botanical Gardens [Barbados] 82
Annandale Falls [Grenada] 92
Anreise 128
Antigua 27, **71**
Antigua Sailing Week *22*, **23**, 71
Antoine by the Sea [R, Philipsburg] 111
Aquarium de la Guadeloupe 98
Arawak Cay [Nassau] 35
Archäologisches Museum [Fort-de-France] 100
Arikok-Nationalpark [Aruba] 79
Asa Wright Nature Centre [Trinidad, MERIAN-Tipp] *9*, 121
Atarazanas, Las [Santo Domingo] 42
Atlantis Paradise Island Resort [Nassau] *30*, 36
Atlantis Submarine Expedition [Oranjestad] 76
Auskunft 129
Ausschiffen 17

Baby Beach [Aruba] 79
Bahamas 5, 13, **31**
Bahamas und Turks und Caicos 30
Barbados 21, 27, **79**
Barbados Museum [Bridgetown] 80
Baranca Sunu/Huliba-Höhle [Aruba] 79
Basse-Terre [Guadeloupe] **94**, 97
Basseterre [St. Kitts] 113
Bathsheba [Barbados] 82
Berkeley Memorial Fountain [St. Kitts] 113
Betty's Hope Plantation [Antigua] 74
BiBi Bips [R, Ocho Ríos] 54
Bibliothèque Schoelcher [Fort-de-France, MERIAN-TopTen] **99**, 100, *101*

Birdrock [Basseterre] 113
Bistro Le Clochard [R, Willemstad] 87
Bob Marley Experience [Montego Bay] 52
Bob Marley Museum [Ocho Ríos] 54
Bodeguito del Medio [R, Havanna] 60
Botanischer Garten [Nevis] 106
Bridgetown [Barbados] **79**
Brimstone Hill Fortress [St. Kitts, MERIAN-TopTen] 114
Brown Sugar [R, Bridgetown] 81
Buchtipps 130
Buchungsadressen 130
Buffett, Jimmy 39, 54, 108
Butterfly Farm [Aruba] 79

Caffé Bellini [R, Santo Domingo] 46
Café Matisse [R, Nassau] 35
Café Napoleon [R, St. John's] 72
Camille Pissarro Art Gallery [Charlotte Amalie] 118
Canal Rivière Madame [Fort-de-France] 100
Cap Juluca [Anguilla] 112
Capitolio Nacional [Havanna] **60**, *61*
Captain Hodge Pier [Philipsburg] 110
Captain Zheng [R, Cockburn Town] 39
Carbet-Wasserfälle [Guadeloupe] 97
Carli's Café Fine Bistro & Piano [R, Viejo San Juan] 69
Caroni Bird Sanctuary [Trinidad] 121
Carriacou 91
Carribean Restaurant and Café [R, St. John's] 72
Casa Bastidas [Santo Domingo] 46
Casa Blanca [San Juan] **66**, 68
Casa Lola Criollo Kitchen [R, San Juan] 69
Casa del Cordón [Santo Domingo] 46
Casa Rodrigo de Bastidas [Santo Domingo] 46
Casino de Gosier [Pointe-à-Pitre] 97
Castillo de la Real Fuerza [Havanna] **57**, 58
Castillo de San Cristobál [San Juan] 65
Castries [St. Lucia] **115**
Castro, Fidel und Raúl 41, **56**, 57

Catedral de San Cristóban [Havanna] 57
Catedral Santa María la Menor [Santo Domingo] **44**, *44*, 45
Cathedral of Immaculate Conception [Port of Spain] 121
Charlestown [Nevis] 103
Charlestown Port [Nevis] 103
Charlotte Amalie [St. Thomas] 118
Chez Carole [R, Fort-de-France] 100
Christoffel National Park [Curaçao] 88
Ciudad Colonial [Santo Domingo, MERIAN-TopTen] 41, **42**, 46
Cockburn Town [Grand Turk] 36, **38**
Coco Plum [R, Oranjestad] 77
Comedor Mimosa [R, Santo Domingo] 46
Concord [Grenada] 94
Coral World Ocean Park [St. Thomas, MERIAN-TopTen] 120
Corossol [Saint-Barthélemy] 107, **108**
Court House [Montego Bay] 50
Court House [Philipsburg] 110
Coyoba River Gardens & Museum [Ocho Ríos] 55
Crown Bay Cruise Ship Terminal [Charlotte Amalie] 118
Cruise Terminal King's Wharf [Port of Spain] 120
Cruiseship Pier [Grand Turk] 37
Cruiseship Terminal [Oranjestad] 76
Cuartel de Ballajá [Viejo San Juan] 68
Cunucu-Haus [Aruba] 79
Curaçao 12, 71, **75**, **84**
Curaçao Museum [Willemstad] 86
Curaçao Sea Aquarium [Willemstad, MERIAN-TopTen] 85
Curaçao Underwater Marine Park 89
Cuzzin's Caribbean Restaurant [R, Charlotte Amalie] 119

Depósito del Automóvil [Havanna] 57
Derek Walcott Square [Castries] 116
Dockyard Museum [Antigua] 74

Domaine de Valombreuse [Guadeloupe] 97
Dominikanische Republik 41
Don Diego [Santo Domingo] 42
Dorado [Puerto Rico] 69
Dougaldston Estate [Grenada] 94
Dow's Hill Interpretation Centre [Antigua] 75
Driftwood [R, Oranjestad] 77
Drive-in-Volcano [St. Lucia, MERIAN-Tipp] 115
Dunn's River Falls [Jamaika, MERIAN-TopTen] 48, 52, **55**, *56*

East Villa [R, Nassau] 34
Einkaufen 20
Einschiffen 16
El Convento [San Juan] 65
El Mesón de la Cava [R, Santo Domingo] 46
El Morro [San Juan, MERIAN-TopTen] *64*, **66**, 68
Elizabeth II Dock [Castries] 116
English Harbour [Antigua, MERIAN-TopTen] **70**, **74**
Essen und Trinken 18
Evita's [R, Ocho Ríos] 53

Faro a Colón [Santo Domingo] 47
Fern Gully [Ocho Ríos] 55
Feste und Events 22
Finca Vigia [Havanna] 62
Flag Hill [Charlotte Amalie] 119
Floating Market [R, Willemstad] 88
Floridita [R, Havanna] 60, *63*
Fly & Cruise-Arrangements 13
Fonda de la Atarazana [R, Santo Domingo] 46
Fontein-Höhle [Aruba] 79
Fort Amsterdam [Philipsburg] 110
Fort Amsterdam [Willemstad] **85**, 87
Fort Barrington [Antigua] 75
Fort Charlotte [Nassau] 32
Fort Christian [Charlotte Amalie] 118
Fort Fincastle [Nassau] 32
Fort George [St. George's] 91
Fort Gustave [Gustavia] 107
Fort Zoutman [Oranjestad] **76**, 77
Fortaleza [Viejo San Juan] 68
Fortaleza Ozama [Santo Domingo] **44**, 46
Fortaleza San Felipe [Puerto Plata] 48
Fort-de-France [Martinique] 98
Fortkerk [Willemstad] 85

Freeport [Grand Bahama] 36
Fuerte/Castillo San Felipe del Morro [San Juan, MERIAN-TopTen] 64, 66

Gare Maritime [Pointe-à-Pitre] 95
Gauguin, Paul 101
Geld 130
Gericht/Court House [Castries] 116
Gesundheitsvorschriften 130
Gibb's Cay [Grand Turk] 39
Giraldilla [Havanna] 60
Golfen in der Karibik [St. Thomas, MERIAN-Tipp] 118
Gouyave [Grenada] 94
Government House [Nassau] 34
Grand Bahama Island 36
Grand Étang [Grenada] 93
Grand Turk Cruises Center [Grand Turk] 39
Grand Turk Island 39
Grand Turk Lighthouse [Cockburn Town] 38
Grande Anse Bay [St. George's] 93, 94
Grand-Terre [Guadeloupe] 94
Graycliff [R, Nassau] 34
Great Bay/Groot Bay [Philipsburg] 109, 109
Green Parrot [R, Castries] 116
Grenada 21, 27, **90**
Grenada National Museum [St. George's] 91
Groovy Grouper [R, Montego Bay] 51
Große Antillen 40
grüner reisen 17
Guadarikiri-Höhle [Aruba] 79
Guadeloupe 94
Guanahani [R, Cockburn Town] 38
Guavaberry Shop [Philipsburg] 110, 111
Gun Hill Signal Station [Barbados] 82
Gustavia [Saint-Barthélemy] 106, 107

Havanna [Kuba] 27, **57**
Havensight Mall [Charlotte Amalie] 118, **119**
Heerenstraat [Willemstad] 87
Hemingway, Ernest 60, **62**
Hemingway's [R, St. John's] 72
Heritage Quay [St. John's] 72, **73**
Hermitage [Nevis] 106
Honeymoon Falls [Grenada] 93
Hostal Nicolás de Ovanda [Santo Domingo] 46, 47
Horatio Nelson Museum [Charlestown] 103
Hurricane Hill [Nevis] 105

Hyatt Hacienda del Mar [H, Dorado] 69
Îles des Saintes [Guadeloupe] 94
Îlet du Gosier [Guadeloupe] 98
Inter Oceans Museum [Corossol] 108
Internet 130
Island Village [Ocho Ríos] 53, **54**

Jamaika 5, 21, 41, **48**
Jardín Botánico Nacional de Cuba [Havanna] 62
Jew's Burial Ground [Charlestown] 104
Junkanoo Expo [Nassau] 32

Kabinen 13
Karneval 23, 24, **26**
Kathedrale [Castries] 116
Kathedrale [Havanna] 57
Kleiderordnung 16
Kleine Antillen 70
Klima 16
Kolumbus, Christoph 5, 38, 41, 42, 44, 45, 46, 48, 56, 79, 102, 106, 109, 117
Koningin Emmabrug [Willemstad] **86**, 87, **89**
Kuba 5, 21, 27, 41, **56**
Kulinarisches Lexikon 126
Kurá Halanda Museum [Willemstad] 87

La Belle Creole [R, St. George's] 93
La Belle Époque [R, Fort-de-France] 100
La Casa del Rey [Dorado] 69
La Darse [Pointe-à-Pitre] 95
La Fortaleza [San Juan] 65
La Habana Vieja [Havanna, MERIAN-TopTen] 41, **57**, 58, 60
La Guarida [R, Havanna] 61
La Muralla/Stadtmauer [Viejo San Juan] 68
La Romana [Dominikanische Republik] 48
La Soufrière [Guadeloupe] 94, **97**
Le Bourg [Terre-de-Haut] 94
Le Carbet [Martinique] 102
Le Gaïac [R, Gustavia] 108
Le Gosier [Guadeloupe] 98
Le Pirate Caribéen [R, Pointe-à-Pitre] 96
Le Select [R, Gustavia] 108
Leeward-Inseln **71**, 90
Léon, Juan Ponce de 66
L'Escargot [R, Philipsburg] 111
L. G. Smith Boulevard [Oranjestad] 76
L'Habitation Latouche [Martinique] 101

Likör aus Curaçao [MERIAN-Tipp] 86
Lillian's Caribbean Grill [R, Charlotte Amalie] 119

Madame Janette [R, Oranjestad] 76
Malecón [Santo Domingo] 46
Malecón [Havanna] 27, **57**, 60
Marché Central [Pointe-à-Pitre] 96
Marché de la Darse [Pointe-à-Pitre] 96
Margaritaville [R, Montego Bay] **49**, 51
Margaritaville Café [R, Grand Turk] 39
Marigot [Saint-Martin] 112
Marina Harbour [Oranjestad] 76
Marine Gardens-Aquarien [St. Thomas] 120
Markt [Castries] 116
Market Square [St. George's] **90**, 91
Marley lives [Jamaika, MERIAN-Tipp] 52
Marley, Bob 48, **52**, 53, 54
Martinique 98
Matouba [Guadeloupe] 97
Maunday's Bay [Anguilla] 112
Medizinische Versorgung 130
»Mein Schiff« 14, **14**
Melville Street Cruise Terminal [St. George's] 90
Mit dem Flugzeug 129
Mont Pelée [Martinique] 102
Montego Bay [Jamaika] 49
Montego Freeport Terminal [Montego Bay] 50
Montpelier Plantation [Nevis, MERIAN-Tipp] 103, **105**
Morne Fortune [St. Lucia] 116
Mouchoir Bank [Grand Turk] 37
Mount Gay [Barbados] 82
Mount Gay Rum Distillery [Bridgetown] 18, **83**
Mount Liamuiga [St. Kitts] 112
Mount Qua Qua [Grenada] 90
MS »Europa« 14, **122/123**
Musée de la Pagerie [Fort-de-France] 99
Musée Départemental d'Archéologie Précolumbienne et de Préhistoire [Fort-de-France] 99
Musée Municipal [Gustavia] 107
Musée Paul Gauguin [Le Carbet] 101, **102**
Musée Saint-John Perse [Pointe-à-Pitre] 95, **96**
Musée Schoelcher [Pointe-à-Pitre] **95**, 96

Museo Arqueologico Aruba [Oranjestad] 76
Museo Arubano [Oranjestad] **76**, 77
Museo de Arte Colonial [Havanna] 60
Museo de Ciencias Naturales [Pinar del Río] 63
Museo de la Ciudad [Havanna] **58**, 60
Museo de la Revolución [Havanna] 58
Museo de las Américas [San Juan] **66**, 68
Museo de las Casas Reales [Santo Domingo] **45**, 46
Museo del Hombre Dominicano [Santo Domingo] 45
Museo del Ron Havana Club [Havanna] 58
Museo Hemingway [Havanna] 62
Museo Nacional de Bellas Artes [Havanna] 58
Museum of Antigua and Barbuda [St. John's] 72
Muskatnuss 90, **91**, 92, 94
MVP Smokehouse [R, Montego Bay] 51

Nassau [Bahamas] 21, 30, **31**
Nassau Public Library [Nassau] 34
National Art Gallery of the Bahamas [Nassau] 32
National Museum West [Montego Bay] 50
National Museum [Basseterre] 113
Natur in Trinidad [MERIAN-Tipp] 121
Nelson's Dockyard [Antigua] 74
Nevis 102
Nevis Peak [Nevis] 102, **105**
Nisbet, Frances **103**, 105

Ocho Ríos [Dominikanische Republik] 52
Ocho Ríos Cruise Terminal [Ocho Ríos] 53
Oistins Fish Fry [Barbados] 83
Old Court House [Antigua] 72
Old HM Prison [Cockburn Town] 38
Oranjestad [Aruba] 75
Otrobanda [Willemstad] 87

Pagerie, Marie-Josèphe Rose Tacher de la 91, **98**, 100
Palacio de los Capitanes Generales [Havanna] 60
Palacio de los Condes de Casa Bayona [Havanna] 60
Palacio de Segundo Cabo [Havanna] 60

Orts- und Sachregister 159

Pantéon Nacional [Santo Domingo] 45
Paradise Island [R, Nassau] 37
Paradise Point [Charlotte Amalie] 118, **119**, *119*
Parc National de la Guadeloupe 97
Parlament [Oranjestad] 76
Parliament Building [Bridgetown] 80
Parque Central [Havanna] 60
Parque Colón [Santo Domingo] 44, **45**, 46
Parque Nacional Los Tres Ojos [Santo Domingo] 48
Paseo de la Princesa [Viejo San Juan] 68
Patio, El [R, Havanna] 60
Patrick's Local Homestyle Restaurant [St. George's] 92
Pelican Village Craft Center [Bridgetown] 82
Penha [R, Willemstad] 88
Petit-Bourg [Basse-Terre] 97
Pferdekutsche [Santo Domingo] 47
Philipsburg [Sint Maarten] 109, *109*
Pico de Isabel de Torres [Puerto Plata] 48
Pier One [R, Montego Bay] 52
Pinar del Rio [Kuba] 63
Pinney's Beach [Nevis] 103, **104**
Piraten der Karibik [Nassau/Bahamas, MERIAN-Tipp] 34, *35*
Place de la Savane [Fort-de-France] 100
Place de la Victoire [Pointe-à-Pitre] 95
Plantagenhäuser [Nevis] 105
Plantation House [R, Port of Spain] 121
Plaza de Armas [Havanna] 60
Plaza de Armas [Viejo San Juan] 68
Plaza de la Catedral [Havanna] 60
Plaza de la Marina [Viejo San Juan] 68
Plaza de la Revolución [Havanna] 58
Pointe Seraphine Pier [Castries] 116
Pointe Simon Cruise Deck [Fort-de-France] 98
Pointe-à-Pitre [Guadeloupe] 94, *96*
Port Lucaya [Grand Bahama] 36
Port María 51
Port of Spain [Trinidad] 120
Port Zante [Basseterre] 113
Praktische Infos zur Kreuzfahrt 12
Preise 201
Prince George Wharf [Nassau] 31, 34

Puerta de Juan [Viejo San Juan] 68
Puerto Plata [Dominikanische Republik] 48
Puerto Rico 41, **64**

Qualibou [St. Lucia] 117
Queen Wilhelmina Park [Oranjestad] 76
Queen's Park Savannah [Port of Spain] 120, **121**
Queen's Staircase [Nassau] 32

Rathaus [Castries] 116
Rawson Square [Nassau] 34
Red House [Port of Spain] 121
Redcliffe Quay [St. John's] 72, **73**
Reggae Xplosion [Ocho Ríos] 53
Reisepraktisches von A–Z 128
Reisezeit 130
Rijsttafel Indonesia [R, Willemstad] 88
Riviera [Guadeloupe] 98
Rivière Salée [Guadeloupe] 94
Rodney Bay [St. Lucia] 117
Romney Gardens [St. Kitts] 113, *115*
Rose Hall Great House [Montego Bay] 52
Royal Caribbean International 15
Rum Factory & Heritage Park [St. Philip/Barbados, MERIAN-Tipp] 84
Ruta Panorámica [Puerto Rico] 69

Saddle Hill [Nevis] 105
Saint-Barthélemy [St. Barth, St. Barts] 106
Saint-Martin/Sint Maarten 108
San Juan [Puerto Rico] 13, 21, 40, **65**
San Nicolas [Aruba] 79
Sans Souci Dock [Santo Domingo] 42
Santo Domingo [Dominikanische Republik] 42
Schlüsselkarten 132
Schoelcher, Marc und Victor 95, **99**
Schooner Market [Oranjestad] 76
Secret Garden [R, Cockburn Town] 39
Segeln 13
Serendipity [R, Basseterre] 113
Seven Sister Waterfalls [Grenada] 92
Shaw Park Botanical Gardens & Waterfalls [Ocho Ríos] 55
Shirley Heights [Antigua] 71, **75**
Sierra de los Organos [Kuba] 63

Sierra del Rosaria [Kuba] 63
Simsonbaai [Sint Maarten] 111
Sint Annabaai [Curaçao] 85, 86, 87, 88
Sint Christoffel [Curaçao] 89
Sint Eustatius 27
Sint Maarten Museum [Philipsburg] 110
Sint Maarten/Saint-Martin 108
Slave Ring [Montego Bay] 50
Soufrière [St. Lucia] 117
Souvenirs 21
Spezialitäten 19
Sprachführer 124
St. Croix 27
St. George's [Grenada] *2*, 90
St. James Parish Church [Montego Bay] 50, 51
St. John's [Antigua] 71, *73*
St. John's Anglican Church [Antigua] **71**, 72
St. Kitts 27, 103, **112**
St. Kitts Scenic Railway [St. Kitts] 114
St. Lucia 115
St. Mary's Church [Bridgetown] 80
St. Thomas [US Virgin Islands] 21, **117**
St-Claude [Guadeloupe] 97
Ste-Anne [Guadeloupe] 98
Sterne-Kategorien 13
St-Pierre [Martinique] 102
St-Pierre et Paul [Pointe-à-Pitre] 96
Strände 35, 62, 69, 73, 78, 82, 88, 92, 101, 104, 108, 111, 114, 116
Südostküste [Aruba] 78
Sulphur Springs [St. Lucia] 117
Synagoge [Bridgetown] 80
Synagoge Mikve Israel-Emanuel [Willemstad] 86

Taxi 74, 78
Teatro García Lorca [Havanna] 60
Telefon 132
Templete, El [Havanna] 60
The Ballahoo [R, Basseterre] 114
The Cage [Montego Bay] 50
The Careenage [Bridgetown] 80, *83*
The Carenage [St. George's] 90
The Circus [Basseterre] 113
The Fountain [Bridgetown] 80
The Magnificent Seven [Port of Spain] 120
The Mainbrace Pub [R, St. John's] 72

The Pork Pit [R, Montego Bay] 51
Tobago 21, **120**
Torre des Homenage [Santo Domingo] 46
Town House [Montego Bay] 51
Trafalgar Square [Bridgetown] 80
Trinidad 21, 26, 27, **120**
Trinity Cathedral [Port of Spain] 121
Trinkgeld 132
TUI Cruises Luxusliner »Mein Schiff« 14, *14*
Turks & Caicos National Museum [Cockburn Town] 38
Twin Pitons [St. Lucia, MERIAN-TopTen] **115**, 117, *28/29*
Twin Towers [Port of Spain] 121
Tyrol Cot Heritage Village [Bridgetown] 80

Unella's by the Sea [R, Charlestown] 104
Unter dem Vulkan [St-Pierre/Martinique, MERIAN-Tipp] 100
Unterwegs in der Karibik 28

Varadero [Kuba] 62
Vedado [Havanna] 57
Veranstaltungen an Bord 17
Viejo San Juan [San Juan] 40, 66
Villka Nova [H, Barbados] 84
Viñales [Kuba] 63
Virgin Islands Museum of Fine Arts [Charlotte Amalie] 118

Wandern im Regenwald [St. Kitts, MERIAN-Tipp] 113
Waterfront Café [R, Bridgetown] 81
Water's Edge [R, Cockburn Town] 39
Wathey Square [Philipsburg] 110
Welchman Hall Gully [Barbados] 84
West Indian Dock [Charlotte Amalie] 118
Whale Watching [Grand Turk] 38
White River [Ocho Ríos] 56
Willemstad [Curaçao] 85
Willkommen in der Karibik 4
Windward-Inseln 71
Wissenswertes über die Karibik 122
Woodford Square [Port of Spain] 121

Zeitverschiebung 132
Zigarren *20*, 21, 61
Zoll 132
Zona Colonial [Santo Domingo/Dom. Republik, MERIAN-TopTen] 41, **42**, 46

IMPRESSUM

Liebe Leserinnen und Leser,
vielen Dank, dass Sie sich für einen Titel aus unserer Reihe MERIAN *live!* entschieden haben. Wir freuen uns, Ihre Meinung zu diesem Reiseführer zu erfahren. Bitte schreiben Sie uns an merian-live@travel-house-media.de, wenn Sie Berichtigungen und Ergänzungen haben – und natürlich auch, wenn Ihnen etwas ganz besonders gefällt.

Alle Angaben in diesem Reiseführer sind gewissenhaft geprüft. Preise, Öffnungszeiten usw. können sich aber schnell ändern. Für eventuelle Fehler übernimmt der Verlag keine Haftung.

© 2015 TRAVEL HOUSE MEDIA
GmbH, München
MERIAN ist eine eingetragene Marke der
GANSKE VERLAGSGRUPPE.

Alle Rechte vorbehalten. Nachdruck, auch auszugsweise, sowie die Verbreitung durch Film, Funk, Fernsehen und Internet, durch fotomechanische Wiedergabe, Tonträger und Datenverarbeitungssysteme jeglicher Art nur mit schriftlicher Genehmigung des Verlages.

BEI INTERESSE AN DIGITALEN DATEN AUS DER MERIAN-KARTOGRAPHIE:
kartographie@travel-house-media.de

BEI INTERESSE AN MASSGESCHNEI-DERTEN MERIAN-PRODUKTEN:
Tel. 0 89/4 50 00 99 12
veronica.reisenegger@travel-house-media.de

BEI INTERESSE AN ANZEIGEN:
KV Kommunalverlag GmbH & Co KG
Tel. 0 89/9 28 09 60
info@kommunal-verlag.de

Ein Unternehmen der
GANSKE VERLAGSGRUPPE

TRAVEL HOUSE MEDIA
Postfach 86 03 66
81630 München
merian-live@travel-house-media.de
www.merian.de

2. Auflage

VERLAGSLEITUNG
Dr. Malva Kemnitz
REDAKTION
Simone Duling, Anne-Katrin Scheiter
LEKTORAT
Edda Benedikt
BILDREDAKTION
Lisa Grau
SCHLUSSREDAKTION
Ulla Thomsen
SATZ
Nadine Thiel, kreativsatz
REIHENGESTALTUNG
Independent Medien Design,
Elke Irnstetter, Mathias Frisch
KARTEN
Gecko-Publishing GmbH
für MERIAN-Kartographie
DRUCK UND BINDUNG
Firmengruppe APPL, aprinta druck,
Wemding

PEFC/04-32-0928

BILDNACHWEIS

Titelbild (The Careenage, Bridgetown, Barbados), Agentur: Mauritius Images/Alamy
akg-images 102 • Alamy: D. Delimont 119, photomadnz 61, Robert Harding Picture Library Ltd. 49, Travelshots.com 70 • Bildagentur Huber: Kaos02 44, Kremer 83, F. Olimpio 18, R. Schmid 94 • Blickwinkel 63 • dpa Picture Alliance: akg-images/R. Hackenberg 53, Lonely Planet Images/Juliet Coombe 35 • Hapag-Lloyd Kreuzfahrten 122/123 • Laif: C. Heeb 30, 73, 107, 110, Hemispheres Images 74, Hemispheres Images/S. Frances 101, Hemispheres Images/B. Gardel 47, G. Huber 26, Le Figaro Magazin/Martin 28/29, T. Munita 89, Redux/M. Villafuerte 40, M. Sasse 20 • Look-Foto: age fotostock 12, Engel & Gielen 4, I. Pompe 96, The Travel Library 56 • Montpelier Plantation 105 • Shutterstock: C. D. Young 64, A. Lynsey 9, T. Kittelty 91 • TUI Cruises 14, vario images 109 • Visum: Travel Ink 115 • T. Wright: www.photoaction.com 22